驾校学车指南

——桩考、路考的驾驶技巧

江海学 廖国贵 编著

中国建筑工业出版社

图书在版编目(CIP)数据

驾校学车指南：桩考、路考的驾驶技巧/江海学，
廖国贵编著. —北京：中国建筑工业出版社，2004
ISBN 7-112-06580-1

Ⅰ.驾... Ⅱ.①江... ②廖... Ⅲ.汽车-驾驶术
Ⅳ.U471.1

中国版本图书馆 CIP 数据核字(2004)第 046590 号

驾 校 学 车 指 南
——桩考、路考的驾驶技巧
江海学　廖国贵　编著

*

中国建筑工业出版社出版、发行（北京西郊百万庄）
新 华 书 店 经 销
北京嘉泰利德公司制版
北京市兴顺印刷厂印刷

*

开本：850×1168 毫米　1/32　印张：3½　字数：92 千字
2004 年 7 月第一版　2004 年 7 月第一次印刷
印数：1—25,000 册　定价：**10.00 元**
ISBN 7-112-06580-1
TU・5751　(12534)
版权所有　翻印必究
如有印装质量问题，可寄本社退换
（邮政编码　100037）

本社网址：http://www.china-abp.com.cn
网上书店：http://www.china-building.com.cn

《驾校学车指南——桩考、路考的驾驶技巧》一书是为驾校机动车学习驾驶员编写的。本书内容包括驾校机动车学习驾驶员培训知识；汽车机械常识；汽车基础驾驶；汽车在平路驾驶；汽车在坡道驾驶；汽车通过桥梁、铁路道口和隧道的驾驶；汽车在复杂道路及异常气候条件下的驾驶；汽车安全驾驶常识；桩考；路考等。

本书供广大驾校机动车学习驾驶员学习参考，亦可作为广大机动车驾驶员的良师益友和必备参考读物。

* * *

责任编辑：吴宇江
责任设计：彭路路
责任校对：刘玉英

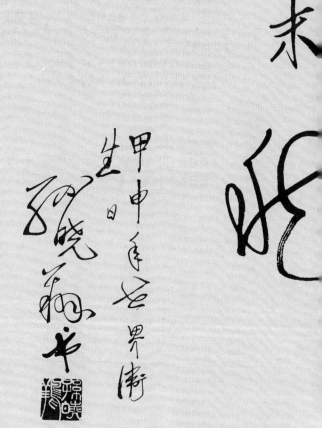

甲申年古尔邦
生日
张晓苏书

前　言

　　道路交通是国民经济和社会发展进步的重要基础条件。经济的繁荣、社会的发展与进步，都离不开发达的道路交通。不论是城市，还是乡村，道路的修建和延伸，总是会带动一个城市、一个地区的经济发展和繁荣的。

　　道路交通是由人、车、路、环境四个基本要素构成。这里的人，是指车辆驾驶员、行人、乘车人，他们是道路交通的主体；这里的车，是指各种机动车和非机动车，它们是交通活动的方式和手段；这里的路，是指公路、城市街道、胡同及公共广场、公共停车场等，它们是交通活动的基础和载体；这里的环境，是指车辆在交通运行过程中，影响到交通参与者行为的各种外界因素，主要包括：道路环境、车辆环境、人口环境等。人、车、路、环境，这四者相互联系、相互作用，它们构成了完整的道路交通系统。

　　道路分为城市道路和郊区公路(包括高速公路)。城市道路的特点是：功能多样化，它除供车辆、行人通行外，还具有布置公用设施、停车场和城市规划布局等的功能；城市道路组成复杂，它既有人行道、车行道、停车场，又有绿化、照明、市政管线、轨道交通等；城市道路交叉点多，街道、胡同纵横交错，形成网络，加之沿街两侧建筑物密集，行人、车流量大，出入口多。而郊区公路的特点是，交通线长，交叉点少，一般视野好，车流量小于城市道路，车速快。总之，不论是城市道路，还是郊区公路，都要求道路交通安全、有序、畅通，否则就会失去其基础保障作用，反而给道路造成交通危害。

　　《驾校学车指南——桩考、路考的驾驶技巧》一书是为驾校机动车学习驾驶员编写的。本书内容包括驾校机动车学习驾驶员培训知识；汽车机械常识；汽车基础驾驶；汽车在平路驾驶；汽车在坡道驾驶；汽车通过桥梁、铁路道口和隧道的驾驶；汽车在复杂道路及异常气候条件下的驾驶；汽车安全驾驶常识；桩考；路考等。

机动车学习驾驶员在学习《机动车驾驶员交通法规与相关知识》并通过其考试之后又来到了驾驶学校学习汽车基础驾驶和道路驾驶等的知识与技能。一般地说，眼下机动车学习驾驶员在驾校学习驾驶，多是沿袭过去师徒手把手口授驾驶技术的做法，这样从表面上看，机动车学习驾驶员经过驾校教练员的严格训练，他们大多都记住了汽车驾驶的操作程序与方法，最后，也能通过驾校的桩考与路考，并取得《中华人民共和国机动车驾驶证》。但平心而论，这些从驾校毕业的准驾驶员又有多少能系统地、全面地、完整地了解与掌握汽车的机械常识与汽车驾驶技艺的呢？毋庸置疑，驾校机动车学习驾驶员在这方面的知识是十分匮乏的。有鉴于此，笔者集多年汽车驾驶培训的教学与实践经验编写成此书，希望它能作为广大机动车学习驾驶员的良师益友和必备参考读物。

《驾校学车指南——桩考、路考的驾驶技巧》一书，其重点在于它用图文并茂的形式把桩考、路考的技术要领、注意事项等都作了详细而简明的阐述。我们相信，广大机动车学习驾驶员在系统掌握汽车机械常识与汽车驾驶技术的理论与实践之后，只要严格按照桩考、路考的技术要求去认真做好每个技术规范动作，并调整好自己的心态，从而以饱满的精神和自信的态度去迎接考试，就一定能够顺利地通过桩考和路考的考核，也一定能够在未来的实际驾驶中展示出自己的驾驶风采和技术水平。

众所周知，城市生活应当是现代人的文明生活，文明生活是一种公益行为，而不文明的生活则是一种公害。现代人(特别是现代驾驶员)怎样才能做到人与人之间的和睦相处呢？这就要求人们做到遵守秩序、维护秩序；遵守公德、维护公德；遵守车德、维护车德。

马来西亚交通部门有这样一则幽默的广告语："阁下驾驶汽车时，如果时速保持30km/h左右，可以沿途欣赏美丽的风景；超过50km/h，请到法庭做客；超过80km/h，请到医院留宿；超过100km/h，请你安息吧。"据世界卫生组织统计，全世界每年有120多万人死于交通事故，数百万人受伤或致残。全球每年因交通事故造成的经济损失高达5180亿美元，道路交通伤害已经成为全球公共卫生问题。同时，道路交通伤害又是可以预防的。比方通过政府和其他部门的通力合作，采取诸如限制行车速度、严禁酒后驾车、系安全带以及安装儿童安全设备、加强紧急救护体系、设计更为安全的车辆和规定交通安全的标准等措施等，是完全可以挽救更多的生命和避免更多的伤害。

最后，作为一名刚从驾校毕业的机动车驾驶员，必须具有良好的现代交通文明意识，这就是现代交通的法制意识、现代交通的安全意识和现代交通的道德意识；必须改变驾驶陋习，遵守车德，遵守交通规则，应当明白只有交通规则才是调整一切交通活动关系的准则。

作 者
2004 年 4 月写于北京

目 录

前言
第一章　驾校机动车学习驾驶员培训知识 …………………… 1
　一、驾校机动车学习驾驶员培训规则 ………………… 1
　二、驾校机动车学习驾驶员学车流程图 ……………… 2
　三、驾校机动车学习驾驶员小型汽车58小时训练计划 ………… 3
　四、驾校机动车学习驾驶员道路考试内容与评分标准 ………… 4
　五、北京市机动车学习驾驶员计时培训收费标准 …………… 7
　六、北京市机动车驾驶员速递业务办理 ……………… 8
　七、驾校教练车基本常识 ……………………………… 8
第二章　汽车机械常识 …………………………………… 9
　一、汽车外部机件 ……………………………………… 9
　二、汽车操纵装置 ……………………………………… 10
　三、汽车仪表指示器 …………………………………… 17
　四、汽车开关 …………………………………………… 19
　五、汽车照明、指示灯及警告信号灯 ………………… 21
第三章　汽车基础驾驶 …………………………………… 29
　一、起步 ………………………………………………… 29
　二、加减挡 ……………………………………………… 29
　三、转向 ………………………………………………… 31
　四、制动 ………………………………………………… 32
　五、停车 ………………………………………………… 33
　六、倒车 ………………………………………………… 34
第四章　汽车在平路驾驶 ………………………………… 35
　一、行驶路线 …………………………………………… 35
　二、行驶速度 …………………………………………… 35
　三、行驶间距 …………………………………………… 37
　四、转弯 ………………………………………………… 38
　五、会车 ………………………………………………… 39
　六、超车 ………………………………………………… 40
　七、让超车 ……………………………………………… 41

八、掉头 ………………………………………………… 41
　　九、车辆停放 …………………………………………… 42
第五章　汽车在坡道驾驶 ………………………………… 44
　　一、上坡驾驶 …………………………………………… 44
　　二、下坡驾驶 …………………………………………… 45
　　三、坡道停车 …………………………………………… 46
　　四、坡道起步 …………………………………………… 46
　　五、坡道倒车 …………………………………………… 47
第六章　汽车通过桥梁、铁道路口和隧道的驾驶 ……… 48
　　一、汽车通过桥梁驾驶 ………………………………… 48
　　二、汽车通过铁道路口的驾驶 ………………………… 49
　　三、汽车通过隧道的驾驶 ……………………………… 50
第七章　汽车在复杂道路及异常气候条件下的驾驶 …… 52
　　一、在城市道路上驾驶 ………………………………… 52
　　二、在夜间驾驶 ………………………………………… 56
　　三、在冰雪道路上驾驶 ………………………………… 57
　　四、在雨天驾驶 ………………………………………… 58
　　五、在雾天驾驶 ………………………………………… 58
　　六、在高温气候条件下的驾驶 ………………………… 59
　　七、在严寒气候条件下的驾驶 ………………………… 61
　　八、在高速公路驾驶 …………………………………… 61
第八章　汽车安全驾驶常识 ……………………………… 71
　　一、汽车安全驾驶常识 ………………………………… 71
　　二、汽车安全驾驶措施 ………………………………… 71
　　三、在异常气候条件下的汽车安全驾驶 ……………… 73
　　四、夜间行车的安全驾驶 ……………………………… 73
　　五、危险情况的紧急处理 ……………………………… 74
第九章　桩考 ……………………………………………… 76
　　一、桩考考试规则 ……………………………………… 76
　　二、桩考科目 …………………………………………… 76
第十章　路考 ……………………………………………… 82
　　一、路考考试规则 ……………………………………… 82
　　二、路考科目 …………………………………………… 82

主要参考文献 ……………………………………………… 100

第一章　驾校机动车学习驾驶员培训知识

一、驾校机动车学习驾驶员培训规则

1.机动车学习驾驶员经过交通法规培训考试合格后，可持相关材料到驾校考试场申请办理学习驾驶证手续。在规定工作日内，领取学习驾驶证、计时培训预约卡(IC卡)、训练记录手册，以及指纹记录等。

2.机动车学习驾驶员办理完相关手续后，在学习驾驶证2年的有效期内，可直接到考试场的计时预约大厅了解情况，根据机动车学习驾驶员所学车型和时间办理预约手续。预约培训时间可在7日内任意选择，每次连续预约培训时间不得超过4小时。

3.每次培训前，机动车学习驾驶员必须提前30分钟到达训练场地读卡站进行刷卡和指纹认定，然后，凭借预约单上的车号找到预约车辆开始训练。训练结束后，由教练员在《学习驾驶员计时培训手册》上记录训练情况和训练时间，尔后学员再到读卡站刷卡和进行指纹认证，这样训练时间将自动记录在机动车学习驾驶员计时培训预约卡(IC卡)和驾校计算机网络中。

4.机动车学习驾驶员在完成30小时场地训练后，可持计时培训预约卡(IC卡)和训练记录手册到考试场预约桩考，领取考试通知单。机动车学习驾驶员桩考合格后，再继续预约道路培训。

5.机动车学习驾驶员在完成大客车97小时、大货车68小时、小型汽车58小时、增驾29小时的训练后，可到考试场预约路考。路考合格后，由驾校考试员收回计时培训预约卡(IC卡)。机动车学习驾驶员在考试合格10个工作日之后，凭有效身份证件到考试场计时预约大厅领取机动车驾驶证。

6.机动车学习驾驶员在参加桩、路考过程中,第一次考试不合格的,需持计时培训预约卡(IC卡)到大厅办理预约补考手续,办法与初次预约桩考、路考相同。

7.桩考、路考第二次不合格的机动车学习驾驶员应到所在地区车管所驾驶员报考受理岗办理重新报考手续(原有科目学习成绩保留),并再经10小时训练后,方可再次参加补考。

8.机动车学习驾驶员如因本人的原因不能如期参加训练的,需要在距预约训练时间24小时之前重新办理预约手续。逾期不办理的,视为自动放弃预约训练时间,并需赔偿相应的计时培训费用。

9.机动车学习驾驶员如遇恶劣天气等不能按原定预约时间进行训练和考试的,亦必须到考试场重新办理预约手续。

二、驾校机动车学习驾驶员学车流程图

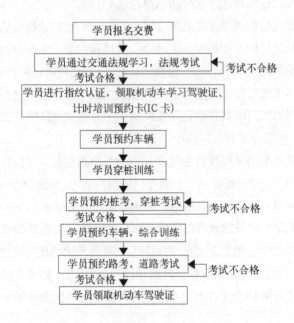

三、驾校机动车学习驾驶员小型汽车58小时训练计划

驾校机动车学习驾驶员小型汽车58小时训练计划　　表1

序号	训练时间	训练内容	训练目的
1	1~2小时（原地）	●介绍汽车各主要基础部件和仪表、灯光的使用、位置及作用。 ●六大部件(离合器、脚制动器、加速踏板、手制动器、变速杆、转向盘)的作用和正确操作方法。 ●上、下车动作程序与正确的驾驶姿势。 ●顺序加、减挡的动作及其要领。	让机动车学习驾驶员初步了解汽车各种操作部件的位置及正确操作方法，并合理地进行运用；能够正确地操作变速杆，动作要求规范，各挡位准确无误，手脚配合协调，并为转入场地驾驶训练打下良好基础。
2	3~8小时（场地）	指导机动车学习驾驶员驾驶车辆起步、停车、直线行驶、坡路停车起步和顺序加减挡。	机动车学习驾驶员能初步掌握平稳起步、停车的要领，达到直线行驶不画龙，基本掌握坡路起步的要领和方法，加、减挡动作规范，时机适宜。
3	9~10小时	"8"字训练；熟悉教练场路线，正确使用转向灯、后视镜的方法。	熟练运用转向盘，掌握好转弯角度，识别各处交通标志、标线、指挥信号，并能自觉地遵守。
4	11~13小时	场地训练结合立交桥、环岛训练；注意限制门的走法。	自觉遵守交通法规，按规定路线行驶立交桥和环岛。
5	14~16小时	场地训练结合立交桥、环岛、铁路、红绿灯路口的训练。	按交通法规要求，能够正确行驶立交桥、环岛、铁路和红绿灯路口。
6	17~18小时	讲解训练通过单边桥、双边桥、井盖(障碍)的方法。	培养机动车学习驾驶员的车感和目测能力。
7	19~20小时	走折线路、定位停车、坡路起步停车。	机动车学习驾驶员能够灵活操作转向盘，学会各种复杂道路驾驶技术。
8	21~30小时	穿桩训练：贴库、移库、倒库。要求：不碰杆、不出线、不熄火、不原地打轮、不中途停车、按规定路线行驶。	机动车学习驾驶员熟练掌握倒入、驶出车库，以及从乙库移向甲库的技能。穿桩训练是把以前所学起步、换挡、转向、制动、停车等单项训练，连贯在一起的综合训练，目的是全面提高机动车学习驾驶员的驾驶操作水平。

续表

序号	训练时间	训练内容	训练目的
9	31～34小时	根据桩考日期,桩路结合训练。	巩固和提高穿桩科目内容。
10	35～38小时	跟车、会车、让车、超车等驾驶训练。	学会在各种情况下的驾驶技能和不同情况的应变能力以及正确的处理方法,培养机动车学习驾驶员礼貌行车、自觉遵守交通法规的意识。
11	39～40小时	上坡、下坡、平路等各种路况加、减挡的训练。	熟练掌握驾驶技能和技巧,换挡时机适宜,手与脚配合协调一致。
12	41～42小时	直角弯、锐角弯、钝角弯等各种弯路的训练。	转弯角度合适,打轮、回轮时机适宜,打转方向盘手法准确,旨在提高机动车学习驾驶员的驾驶操作水平。
13	43～44小时	备制动、带制动、定位停车、靠边停车训练。	根据路况,有效掌握好行驶速度和靠边停车、定位停车的方法要领,学会用加速踏板控制车速,灵活操作制动机件,安全驾驶车辆。
14	45～46小时	结合考试的9个科目训练,按小客车的考场要求去训练。	
15	57～58小时	机动车学习驾驶员考前集中模拟学习	

四、驾校机动车学习驾驶员道路考试内容与评分标准

驾校机动车学习驾驶员的考试为在教练场内模拟实际道路交通情况的考试,并采用电脑监控系统自动判分。

驾校机动车学习驾驶员道路考试内容与评分标准　　　表2

科目	通过要求	判分要求	路考系统技术要求
信号灯路口	1．按信号灯通过路口。 2．进入导向车道后不准碾压分道线。	1．十字路口红灯亮时，如有车辆碾压或越过停车线，提示"不按交通信号行驶，不合格"。 2．碾压分道线，提示"违反路口行驶规定，不合格"。 3．已通过路口未按口令正确选择行驶路线，提示"不按考试员指令行车，不合格"。	1．在进入科目之前(收到科目信号前)考试员需事先指定考试车行驶方向(直行、左转、右转)，如果不事先指定，收到科目信号后，系统确定认为考试车直行(对于无直行的"丁"字路口默认为右转)。 2．根据不同考场，直行分道的判别可能不同，请根据路面箭头指示先行驶。 3．"丁"字右方无横道的路口直行可以不受信号灯限制。 4．红灯停车后，绿灯通行前，请不要在信号灯还在交替时，提前越过停车线。 5．黄灯亮时，如果车辆已经通过停车线则可以正常通过路口，否则视为"不按交通信号行驶"。 6．红灯亮时，停车位置应尽量靠近停车线。
铁道路口	1．在铁道路口停止线外停车观察，如无特殊情况，车辆通过路口。 2．通过铁道路口时，不准停车熄火。	1．车辆在停止线外不停车观察，视为不停车瞭望，应提示"违反铁道路口规定，不合格"。 2．发生停车熄火的，应提示"违反铁道路口规定，不合格"。	1．车辆在停止线外停车时，必须完全停稳(速度指示为0)5秒以上，才能起步通过。车未停稳且提前起步的，视为不停车瞭望。 2．停车、熄火判断范围处于铁路两侧停车线之间。 3．停车越线，视为不停车瞭望。
定位停车	根据考试员口令，在定位停车时，车前端(保险杠)及右侧，应停在距停止线0.5m内。	1．停车时车辆最前端或右侧距停止线或边缘线超过0.5m，但不足1m时，提示"距指定停车位置超过50cm，扣20分"。 2．停车时车辆最前端或右侧距停止线	1．停车位置的确定，前端以保险杠，右端以车轮右边缘为准。 2．停车时车辆最前端或右侧之一越界视为整车越界。

续表

科目	通过要求	判分要求	路考系统技术要求
定位停车		或路边缘线超过1m时，提示"对车身前后、左右位置感觉差，不合格"。 3．停车时车辆最前端或右侧越过停止线或道路边缘线，提示"对车身前后、左右位置感觉差，不合格"。	
骑越障碍	1．按考试员口令，依次骑越通过。 2．任一车轮不得刮、蹭、碾压障碍物。	任一车轮刮、蹭、碾压障碍物，提示"未通过障碍设施，扣20分"。	
限制门	不准碰杆	碰杆提示"未通过障碍设施，扣20分"。	
坡路起步	1．在停车区域(坡段)的任何一点(大型教练车用2挡，小型教练车用1挡)能平稳起步。 2．在起步过程中不得滑动。	1．车辆滑动大于0.3m，应提示"车辆滑动大于30cm，不合格"。 2．车辆滑动小于0.3m，大于0.1m，应提示"车辆滑动小于30cm，扣20分"。	1．考试车在坡路上停车后，需要拉手制动器，等车辆完全停稳(速度指示为0)5秒以上，才能起步，否则视为没有停车。 2．在停车区域的任何一点都可停车、起步，但是在指定停车区域内未停车的视为"不按考试员指令停车，为不合格"。 3．车辆滑动在10~30cm之间，在车辆起步后再提示扣分。 4．停车时，需要整车停在停车区域内。
折线路	1．按照考试员口令，一次通过。 2．任一车轮不能碾压折线道路边缘线。	碾压折线路边缘线的，提示"未通过障碍设施，扣20分"。	

6

续表

科目	通过要求	判分要求	路考系统技术要求
左右单边桥	根据考试员口令，单侧前后车轮一次通过。	一侧车轮掉下桥，未能上桥；不能顺利通过单边桥的，提示"未通过障碍设施，扣20分"。	
双边桥	根据考试员口令，两侧前后轮一次通过双边桥。	一侧车轮掉下桥或未能上桥；不能顺利通过双边桥的，提示"未通过障碍设施，扣20分"。	

说明：

①熄火一次，提示"熄火一次，扣20分"，该判断自考试员按"开始"键后起动，直至考试结束。如果2次熄火间隔时间大于30秒，将被视为连续2次熄火，即重复2次上述提示。在铁路道口两停车线之间的熄火，视为"违反铁路道口行驶规定，为不合格"。

②如果考试员指定考试车进某个科目，考生在收到科目信号后，车辆没有进入该科目(如提示"单边桥"，但是考车没有进入单边桥，而从其他线路绕过，或过限制门不从两杆之间通过的)将被视作"不按考试员指令行车，为不合格"。

五、北京市机动车学习驾驶员计时培训收费标准

根据北京市物价局关于我市机动车驾驶员培训学校收费标准的通知，京价(收)字[1996]第351号，北京市物价局京价(收)[2000]150号，关于机动车学习驾驶员培训考试专用车辆收费标准函摘录如下：

1. 目前培训收费标准(1996年北京市物价局批准)

大货	2500元	68小时	36.77元／小时
小货	2400元	58小时	41.38元／小时
小客	3500元	58小时	60.35元／小时
小货增大货	1500元	28小时	53.57元／小时
大货增大客	1300元	29小时	44.83元／小时

2.机动车学习驾驶员租用专用考试车进行场地或道路考试的,应向考试场缴纳车辆租金,即桩考或路考每人、每次大型车辆30元,小型车辆25元,使用桩考仪一次费用10元。

3.其他相关收费标准

(1) 机动车学习驾驶员报名考试手续费50元／人。

(2) 机动车学习驾驶员新领、换领学习驾驶证2元／人。

(3) 机动车学习驾驶员补考手续费,每人每科5元。

(4) 机动车学习驾驶员新领、换领机动车驾驶证,每套5元。

六、北京市机动车驾驶员速递业务办理

北京市机动车驾驶员速递业务是北京市邮政局与北京市公安局公安交通管理局车辆管理所合作,共同开办的一项新型便民邮政速递业务。具体操作办法如下:

1.机动车学习驾驶员在通过路考后,可在驾校考试场速递业务柜台填写一份"特快专递详情单",将自己的有效地址、电话记录下来。当邮局收到车管所制作好的机动车驾驶证后,在2日内将机动车驾驶证送到学员手中(远郊区县顺延半日)。

2.北京市内(含远郊区县)收费标准:20元／每件(限重500g);外埠(不包括香港、澳门、台湾地区)收费标准:22元／每件(限重200g)。

3.联系地址:北京市邮政局邮政速递局;免费咨询电话:(010)185-1

七、驾校教练车基本常识

驾校教练车编号统一为5位数字。左起第1位数"0"表示"驾驶学校名称";第2位数字表示车型、车种。例如,"1"代表大型货车BJ1041系列;"4"代表小型货车北京吉普2032系列;"5"代表小型客车上海桑塔纳系列;"6"代表小型客车富康系列。车辆编号之后的三位数为各种车型的自然编号,无实质的意义。如场内编号05002,代表××驾校小型客车上海桑塔纳系列第002号车;再如场内编号06001,代表××驾校小型客车富康系列第001号车。

第二章 汽车机械常识

一、汽车外部机件

汽车外部机件主要包括前窗、后窗、雨刷器、后视镜、发动机盖、挡泥板、前保险杆、后保险杆、前轮、后轮、转向指示灯、前灯、尾灯、制动灯、倒车灯、牌照灯等。

图1 汽车外部机件示意一

图2 汽车外部机件示意二

二、汽车操纵装置

1.转向盘

转向盘是操纵汽车行驶方向的装置,正确地运用转向盘是使车辆能够沿着正常路线安全行驶的重要因素。

转向盘的操作方法:

转向时一般是以左手为主,右手为辅,两手转动转向盘,即左手推送,右手顺势拉动,做到均匀柔和,快慢适当。当连续快速转向时,可用两手交替操作。

2.变速器操纵杆

变速器操纵杆,是变速器的操纵机件。通过变换不同挡位或分离变速器内相应的各挡齿轮,可以改变传递的转矩和转速。

(1)变速器操纵杆的作用

①适应汽车行驶阻力的变化,改变驱动轮扭矩和转速;

②使汽车前进或倒退;

③空挡时,中断动力传递,使发动机的运转与车辆的运动相脱离。

在离合器接合情况下,为了使发动机的动力不能传递给驱动轮,必须将变速器的变速杆置于空挡。

(2)变速器操纵杆的操作方法

用手掌轻贴变速器操纵杆的球头,以五指握向手心,并自然地握住变速器操纵杆的球头。操作时以手腕和肘关节的力量为主,肩关节为辅。

(3)变速器操纵杆进行加减挡的动作要求

由低速挡换入高速挡的换挡称为加挡,由高速挡换入低速挡的换挡称为减挡,这是两种不同的操作程序,在操作方法上也有差别,但在操作时必须符合以下要求:

①及时:起步后,随着车速的提高要及时按顺序换入高速挡,不要失去合适的换挡时机,使车辆的行驶速度和发动机的转速经常处于合理的联动状态。

②正确:加速踏板、离合器踏板、变速杆三者的配合要协调,挡位要摸准。

③平稳:换入新的挡位后,联动要及时平稳,要做到没有冲撞或拖拉感。

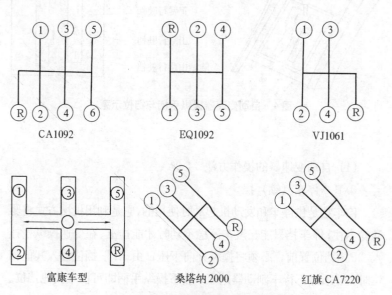

图3 常见车型变速器挡位分布示意

汽车加挡时机速度参照表(km/h)　　　　表3

挡位	1挡	2挡	3挡	4挡	5挡
车速	20	30	40	50	60

3.自动变速器

自动变速器也叫液力电控自动变速器(简称AT),它是用微电脑控制液压装置,操纵液力变矩器的行星齿轮变速器来实现自动变速,以满足各种运行工况和使用要求。液压自动变速器不设离合器踏板,并且驾驶简便。

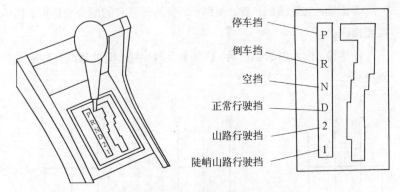

图4 自动变速器操纵手柄与挡位示意

(1) 自动变速器的操作方法

① P—停车（锁）挡

停车挡是供停车和发动机起动时使用的，它是利用机械方式将驱动轮卡住，停车挡只能在汽车停稳不动时才能挂上。在变速操纵杆挂入"P"挡位置前，必须将操纵杆向下压；由"P"挡位移入其他挡位时，必须踩下行车制动器踏板，按下操纵手柄即可移入其他挡位。

② R—倒车挡

倒车挡必须在轿车停稳后，发动机怠速时，踩住制动踏板，才能将操纵手柄移入"R"挡位。

③ N—空挡位

空挡位在轿车静止或车速低于5km/h时，踩下制动踏板，才能将操纵手柄移入"N"挡位。

④ D—正常行驶挡

车辆正常行驶起步前，踩住制动踏板即可操纵手柄移入"D"挡位。

⑤ 2—山路行驶挡（低速2挡）

在爬长坡道或行驶在湿滑路面时，可将操纵手柄移入"2"挡位。"2"挡位只含有一、二两个前进挡，行驶速度的变化只能在一、二挡范围内变换。

⑥ 1—陡峭山路行驶挡（低速 1 挡）

在车辆大负荷、上下陡峭的山路时，可将操纵手柄移入"1"挡位。"1"挡位只含有一个最低的前进挡。用"1"挡行驶，发动机功率为 85kW 的轿车最高车速不得超过 65km/h，发动机功率为 145kW 的轿车最高车速不得超过 79km/h。在加速时，变速操纵杆可以从"2"挡挂入"1"挡位置。因为处于"1"挡位置，车速只允许 65~70km/h 之间行驶。

（2）自动变速器使用的注意事项

①发动机起动前，必须使变速器操纵杆处于"N"或"P"位置。发动机起动后，保持怠速运转，使车辆处于静止状态。

②挂挡前，应踏下制动踏板，然后挂入所需挡位。起步前必须先踏下制动踏板，然后进行换挡。

③起步时，只需将制动踏板抬起后，缓缓踏下加速踏板，切不可以猛踏、急踏加速踏板。

④如遇红灯或障碍需要暂时停车时，只需踏下制动踏板，不必将变速器操纵杆移至"N"挡位置，但必须保持发动机处在怠速状态。若停车时间较长时，在平路上只需将变速器操纵杆置于"P"挡即可；在坡道较大的道路上应先使用驻车制动器，然后将变速器操纵杆置于"P"挡。在下急坡时，随着速度加快，变速器会自动换入高速挡，导致车速越来越快。因此，下坡时应主动将变速器操纵杆换入低挡，使车速控制在较低范围。

4. 驻车制动器操纵杆

驻车制动器操纵杆也叫手制动器，它是驻车制动器的操纵装置，供驻车时制动使用，以免汽车溜动。在行驶中遇有紧急情况需要停车时，可以辅助行车制动，以增强整车的制动效果。在汽车制动失效时，也可用驻车制动器进行临时代用制动，辅助车辆停车。在坡道起步时，通常用驻车制动配合，以阻止汽车后溜。

5.制动踏板

制动踏板又称刹车,它在汽车需要减速或停车时使用。制动踏板是行车制动器的操纵装置,用以减速和停车。踏下制动踏板产生制动作用的同时接通制动灯开关,制动灯发亮,可警示尾随车辆,前车正在制动。

制动踏板操纵的方法:

(1)操纵液压踏板时,两手应握稳方向盘,腰紧靠座位后背,右脚踏在制动踏板上,以膝关节的伸屈动作踏下或放松。踏下是制动,松抬是解除制动。

(2)操纵气压制动踏板时,右脚跟支撑在底板上,脚掌踏在制动踏板上,以踝关节伸屈动作踏下或松抬,踏下即制动,放松即解除制动。

(3)一般情况下应采用先轻踏再逐渐加重或随踏随放,以便平稳减速。需停车时,在车即将停住时稍抬制动踏板,以实现平稳停车。把制动踏板迅速、完全踏下的操作方法称为紧急制动,此制动仅在紧急停车时使用。

(4)汽车行驶中不得无故将脚长时间放在制动踏板上。为缩短制动时间,在减速滑行或准备随时制动时,允许短时间将脚放在制动踏板上。

(5)一般下长坡应以发动机牵阻作用控制车速为主,并用边踏边抬制动踏板辅助控制车速。不能长时间踏制动踏板,否则会造成制动蹄片高温而失效,失去控制的后果。

(6)滑坡上的制动,应先换入低速挡,利用发动机的阻力降低车速,缓慢地使用制动踏板,切忌急剧制动。

6.离合器踏板

离合器踏板是离合器的操纵装置,用以控制发动机与传动系动力的相接与脱开,便于发动机起动、车辆起步、换挡及停车。

离合器采用左脚操作,以膝关节和踝关节的伸屈动作踏下或放松。踏下离合器踏板的动作应迅速,一脚踩到底,使离合器彻底分离;

松抬要有层次。离合器的半联动只能在起步、短时间内使前轮形成较大的转向角或需要把车速控制在5km/h以下时作短时间使用,长时间使用会烧毁离合器机件。

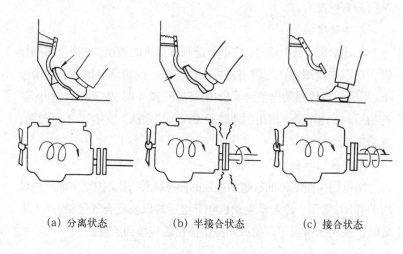

(a) 分离状态　　　　(b) 半接合状态　　　　(c) 接合状态

图5　离合器工作状态示意一

(1) 离合器起步时的正确操作

起步时离合器踏板的操作要领是:"一快、二慢、三联动"。即在踏板抬起开始时要快抬;当离合器出现半联动时(此时发动机的声音有变化),踏板抬起的速度稍慢;由联动到完全结合的过程,是指在离合器踏板抬起的同时,将踏板慢慢抬起,根据发动机阻力大小逐渐踩下油门踏板,使汽车平稳起步。

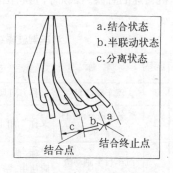

图6　离合器工作状态示意二

（2）离合器换挡时的正确操作

在行车中换挡时，操纵离合器踏板应迅速踩下并抬起，不要出现半联动现象，否则，会加速离合器的磨损。另外，在操作时要注意与油门的有机配合。

7. 加速踏板

加速踏板，也叫油门，它用于控制发动机的转速。加速踏板的操纵，应以右脚跟靠在驾驶室底板上作支点，前脚掌轻踏在加速踏板上，用踝关节伸屈动作使踏板松抬或踏下。踏下时，发动机转速升高；松抬后，转速下降。使用加速踏板要做到"轻踏、缓抬"，不可忽踏、忽抬或连续抖动。

8. 阻风门拉钮

阻风门拉钮是化油器起动装置的操纵机件，用来控制化油器阻风门的开闭。常用于冷起动发动机和升温运转以及混合气过稀、动力不足时。在正常情况下，阻风门拉钮使用后应推回原位。

9. 节气门拉钮

节气门拉钮又称"手油门"，它是加速踏板的辅助装置。它适用于发动机起动后升温时稳定转速，或不便使用加速踏板而又要控制发动机转速的时候。操纵时，可将拉钮拉出至发动机转速符合需要的位置。

汽车驾驶操纵装置的名称和作用　　　　表4

序号	名　称	作　用
1	汽车转向盘	又称方向盘，用于控制轿车的行驶方向。
2	汽车加速（油门）踏板	又称"油门踏板"，由右脚控制，用于控制发动机的转速。
3	汽车行车制动踏板（刹车）	又称"脚刹车踏板"，由右脚控制。在汽车需要减速或停车时使用。踏下制动踏板产生制动作用的同时接通制动灯开关，制动灯发亮，可警示尾随车辆，即前车在制动。
4	汽车离合器踏板	由左脚控制，用于控制发动机和传动装置的动力联系，它在汽车发动、起步、变速等情况下使用。

续表

序号	名称	作用
5	汽车驻车制动器操纵杆(手制动杆)	用于停车后制动,以防车辆自行溜动。轿车驻车制动器操纵杆通常位于两前座椅之间。
6	汽车变速器操纵杆（变速杆）	可以变换挡位,改变汽车传递的转矩和转速,并且可以使汽车实现前进和后倒。
7	汽车自动变速器操纵手柄	自动变速器的操纵手柄,用于控制自动变速器的工作状态,如停车、前进或后倒。
8	汽车阻风门拉钮	用来在冷起动时控制化油器阻风门的开度

三、汽车仪表指示器

为了保证汽车行驶安全和工作可靠,及时了解汽车和发动机的工作情况,在汽车驾驶室内装有各种仪表指示器。常见的仪表指示器有电流表、燃油表、机油压力表、空气压力表、水温表、车速里程表、发动机转速表等。

1. 电流表

电流表用以指示蓄电池充电或放电的情况。指针偏向"+"号为充电;指针偏向"-"号为放电。表盘数字表示充电、放电电流大小,其单位为"A"(安培)。正常指针数值充电为4～5A,发动机怠速运转指针略偏向"-"号一侧;当蓄电池饱和状态时,指针则在"0"的位置。

2. 燃油表

燃油表用以指示油箱内存油量,表上标有"0"、"1/2"、"1"三个读数,分别表示油箱为"空"、"一半"、"满"。该表与传感器连接,它在点火开关接通后即显示油量。

3. 机油压力表

机油压力表用以指示发动机运转时润滑系主油道内机油的压力,以便了解润滑系工作是否正常。发动机怠速运转时机油压力不低于98.7kPa,发动机正常运转时机油压力应在148～444kPa。

4.空气压力表

空气压力表用以显示贮气筒的气压值。空气压力表为双针式,EQ1092型汽车第一针(白针)用来指示主贮气筒(后桥用)的气压值;第二针(红针)指示后桥的制动气压值。CA1092型汽车上针指示贮气筒前腔气压(供后轮制动用),气压表的指示范围由0~10×100kPa,正常行驶中制动气压应保持在784~833kPa范围内。气压必须达到444kPa时才能起步。

5.水温表

水温表显示汽车发动机冷却液的温度。单位为摄氏度(℃)。当水温在50℃以下时,车辆不准起步,需使发动机怠速运转进行升温。车辆正常行驶时的温度应保持在80~90℃之间。

6.车速里程表

车速里程表指示汽车行驶速度和累计行驶总里程,单位分别是km/h和km。

7.发动机转速表

发动机转速表是指示发动机每分钟的转速。汽车调整发动机怠速时用它来检示转速,行车时发动机维持在最高效率的每分钟转速上进行工作。

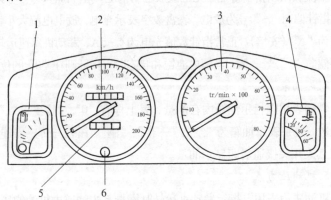

图7 汽车仪表板示意
1—汽油表;2—车速及总里程表;3—发动机转速表;4—水温表;
5—日里程表;6—日里程表回零位按钮

18

汽车各种仪表的作用　　　　　　　表5

序号	名称	作用
1	机油压力表	用来检测发动机润滑系的工作情况,这里的压力是主油道中机油压力
2	燃油表	用来指示油箱中油量的多少,它与传感器连接。汽油表针"1"表示油已满,"1/2"表示油箱存油一半,"0"表示无油
3	冷却液温度表	指示发动机冷却液的温度
4	冷却液温度指示灯	该灯发亮,表明冷却液温度过高,应立即排除
5	车速里程表	由车速表和里程表两部分组成,指示行驶速度和累计里程
6	发动机转速表	指示发动机转速,该表红色区允许已磨合的热态发动机短时间运转
7	电流表	用来指示蓄电池放电和充电状态
8	气压表	指示气制动车辆储气罐内压力

四、汽车开关

1. 电源总开关

电源总开关是控制蓄电池和各用电设备的通断装置,一般都安装在驾驶室的左下侧或右下侧。

2. 点火开关

点火开关是接通或切断点火系统及部分电气设备电源的机件。当发动机停熄或无需工作运转的情况下,必须关闭点火开关,以防烧毁电路及电器设备,甚至引起火灾。

3. 车灯总开关

车灯总开关用来开闭汽车的照明用灯,其结构式样为拉钮式和旋转式。采用拉钮式开关一般为3个挡,将拉钮推到底,大小灯光关闭;

拉到 B 挡，仪表照明灯、示宽灯、小灯、牌照灯亮；拉至 C 挡，前大灯、仪表灯、示宽灯、牌照灯亮。旋转式开关设有关闭、小灯、大灯三挡，向前旋转一挡小灯亮；再向前旋转一挡大灯亮；向后旋至关闭挡，全车灯光熄灭。

4．转向灯开关

转向灯开关用来控制汽车转向信号灯的开闭。转向灯开关分为3挡，中间挡为关闭挡位置，两侧分别为左转向灯和右转向灯开启位置。

5．喇叭按钮

喇叭按钮有电喇叭按钮和气喇叭按钮之分。前者一般安装在转向盘的中央或两侧，后者安装在驾驶室底板上。EQ1092系列载货汽车装置了气、电喇叭转换开关，实现了气、电路之间的转换，使气喇叭和电喇叭的操作均在转向盘中间的按钮上。

6．变光开关

常见的变光开关为脚踏式和手控式两种形式，用来变换前大灯的远光和近光，以适应夜间行车时不同道路情况的照明和超车、会车。一般脚踏式设置在离合器踏板的左下方，手控式设置在转向盘下侧转向管柱上。

7．刮水器开关

刮水器用来刮去挡风玻璃上的雨雪及晴天洗涤前挡风玻璃。刮水器开关是用来控制刮水器开动或停止，其结构式样为旋转和拉钮式。

8．空调开关

空调开关是用来开闭空调系统工作的装置，它有鼓风机旋钮开关（即空气流量开关）、温度旋钮开关（即温度调节开关）和气流分配旋转开关。

9．警报开关

警报开关用来开闭警报灯。当车辆遇到机械事故或遇到交通事故，或影响他人行车安全等情况时，按下警报开关，此时车辆的前、后、左、右转向灯同时闪烁，以提醒其他车辆和行人注意。

五、汽车照明、指示灯及警告信号灯

为了使驾驶员及时了解汽车和发动机的工作状态,在驾驶室内仪表盘上装有发动机机油压力指示灯、发电机充电指示灯、制动器指示灯、阻风门指示灯、远光灯指示灯、后窗加热指示灯等各种仪表和指示灯。

1. 照明、指示灯

(1) 前照灯

前照灯又称大灯,装在汽车头部的两侧,其灯光为白色。其用途是在夜间行车时,照亮车前的道路和物体,保证车辆正常行驶。前照灯设远光灯和近光灯。

(2) 示宽灯

示宽灯装在汽车前后两侧的边缘。其用途是汽车夜间行驶或停车时,提示车辆的存在和体量大小。

(3) 尾灯

尾灯又称为后灯,装在汽车的尾部。其用途是汽车在夜间行驶时,向车后发出灯光信号,提醒尾随的车辆与行人注意。

(4) 制动灯

制动灯装在汽车的尾部。其用途是向后方车辆和行人发出醒目的红色信号,提示汽车正在制动降速。

(5) 防雾灯

前防雾灯装在前照灯附近或比前照灯稍低的位置,后防雾灯装在车辆的尾部。用于雾、雪、雨等天气行车的照明。灯光为黄色或琥珀色。

(6) 仪表盘照明灯

仪表盘照明灯装在汽车仪表板上。其用于夜间行车时仪表照明,以便夜间观察仪表的指示情况。

(7) 转向灯

转向灯装在汽车前后、左右四角。其用途是汽车在转弯时,发出交替的闪烁信号,向他人及车辆示意该车的行驶方向。

2. 警告信号灯装置

(1) 充电指示灯

充电指示灯装在仪表板内。其用途是显示汽车运行中，充电系统的工作情况。当电源系统发生故障、发电机不发电时，红色指示灯亮（如遇有绿色充电指示灯，灯亮表示充电正常，灯熄表示有故障）。

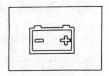

图8 充电指示灯示意

(2) 制动指示灯

制动指示灯装在仪表板内，用来指示汽车制动正常与否。

图9 制动指示灯示意

(3) 气压警报灯

气压警报灯是汽车的贮气筒内空气压力的警报装置。警报灯发亮，警报器蜂鸣时，表明制动气压低于规定的压力，车辆不能起步或行驶。

图10 气压警报灯示意

(4) 油压警报灯

油压警报灯是发动机油压力过低的警报装置。当发动机润滑油压力低于50~80kPa时，此警报灯亮。刚接通点火开关时，该警报灯发亮，发动机起动时此灯熄灭，它表示机油压力正常。若行驶中该灯亮时，应停车检查，排除故障。

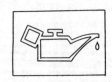

图11 油压警报灯示意

(5) 燃油警报灯

燃油警报灯是指示油箱存油量的警报装置。当燃油箱存油量少于规定值时，警告灯亮，提醒驾驶员及时加油。

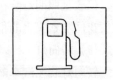

图12 燃油警报灯示意

(6) 水温报警灯

水温报警灯是指发动机冷却系水温过高的警报装置。当冷却系水温升高到一定限度时,警告灯自动发亮,以警示驾驶员需要采取适当的降温措施。

图13 水温报警灯示意

(7) 驻车制动指示灯

当驻车制动器操纵杆置于制动位置时,此指示灯亮。松开操纵杆后指示灯熄灭。

(8) 机油粗滤器堵塞指示灯

当机油粗滤器的滤芯阻力增大,滤芯内外压差达147kPa时,此指示灯亮,提醒需要更换滤芯。

(9) 倒挡指示灯

当挂入倒挡时,该指示灯亮,蜂鸣器响;解除倒挡,该指示灯熄灭。

汽车各种指示灯的作用　　　　表6

序号	名称	作用
1	燃油指示灯	该灯发亮,表明油箱中还储10L以下燃油
2	充电指示灯	指示充电系统工作状态。点火开关接通该灯即发亮;发动机起动后该灯熄灭;若汽车行驶时该灯发亮,表明充电系统故障,应立即停车排除
3	制动器指示灯	点火开关接通后,拉紧驻车制动器时或制动液面过低,该灯即发亮
4	阻风门指示灯	点火开关接通后,拉上阻风门时该灯即发亮
5	前照灯远光指示灯	接通前照灯远光或使用前照灯闪烁器时,该灯即发亮
6	后窗加热指示灯	后窗加热系统除霜加热时,该灯即亮
7	冷却液液位指示灯	该灯闪烁,表明冷却液液面过低,应立即停车排除
8	喇叭按钮	用于接通或切断喇叭电路
9	刮水器开关	控制刮水器的工作
10	转向灯开关	控制汽车转向信号灯的开启和关闭

汽车各式标志图形　　　　　表7

系统	操作件、指示器及信号装置的标志意义	图　形
驾驶操纵件	发动机罩	
	行李箱盖	
	电源总开关	
	手油门（节流阀）	
	阻风门（冷起动用）	
	发动机预热	
	发动机起动	
	发动机停机	
	轮间差速器锁止	
	轴间差速器锁止	
	下坡缓速器	
	点烟器	
	无铅汽油	

续表

系统	操作件、指示器及信号装置的标志意义	图形
警告指示系统	燃油	
	发动机冷却液温度	
	蓄电池充电状况	
	发动机机油压力	
	安全带	
	制动器故障	
	驻车制动器	
	门开警报	
	音响警告（喇叭）	
	空气滤清器堵塞	
	机油滤清器堵塞	
	发动机机油温度	
	驾驶室锁止	

25

续表

系统	操作件、指示器及信号装置的标志意义	图　形
警告指示系统	转向信号	
	危急信号	
空调通风系统	全部出风口	
	右出风口	
	左出风口	
	腿部空间通风	
	空调装置	
	通风风扇	
	左/右出风口	
	挡风玻璃除雾除霜	
	后窗玻璃除雾除霜	
	座垫暖风	
	客厢暖风	

续表

系统	操作件、指示器及信号装置的标志意义	图形
灯光照明系统	远光	
	近光	
	大灯水平位置操纵机构	
	远照灯	
	示廓灯	
	倒车灯	
	停车灯	
	前雾灯	
	后雾灯	
刮水洗涤系统	灯光总开关	
	挡风玻璃刮水器	
	刮水器间隙工作	
	挡风玻璃洗涤器	
	挡风玻璃刮水器及洗涤器	

27

续表

系统	操作件、指示器及信号装置的标志意义	图形
刮水洗涤系统	后窗玻璃刮水器	
	后窗玻璃洗涤器	
	后窗玻璃刮水器及洗涤器	
	大灯清洗器	

第三章 汽车基础驾驶

汽车基础驾驶主要包括汽车起步、换挡、转向、制动及倒车等。汽车基础训练是驾校机动车学习驾驶员熟练掌握汽车驾驶技术的关键。

一、起步

汽车起步是指车辆从静止状态到开始行驶的过程。车辆起步需要较大的牵引力,起步时发动机转速应为 $15 \text{tr/min} \times 100$,车辆起步时一般还应使用低速挡(1挡)。

汽车起步要求:

(1) 操作程序规范化。车辆起步要求平稳,无闯动、抖动,发动机不发生高速空转与熄火等现象。

(2) 汽车平稳起步的关键是离合器踏板、加速踏板、驻车制动器操纵杆三者之间的有机配合。起步开始时,松抬离合器踏板要快;当感觉发动机声响有所下降或车身有轻微抖动时(机盖翘起),须慢抬踏板(汽车处于初始联动状态);待汽车将要启动时,踏板在此位置稍作停顿(汽车处于半联动状态),并适当踏下加速踏板,略提高发动机转速,再继续慢抬离合器踏板,同时松放驻车制动器操纵杆,继续渐踏加速踏板,使汽车平稳起步。当车辆完全获得发动机动力后(汽车处于联动状态),应迅速将离合器踏板抬起。

二、加减挡

汽车在行驶中,由于道路交通和汽车流动情况以及行驶速度的需要,加减挡的运用相当频繁。变速器操作的熟练程度,是衡量汽车驾驶员技术水平的一项指标。

1. 变速器挡位的区分和使用

一般汽车的变速器挡位分为低速、中速和高速挡。中型以上的汽车一二挡为低速挡；三挡为中速挡；四五挡为高速挡（包括超速挡）。小型汽车多数一挡为低速挡；二挡为中速挡，三挡为高速挡。

加减挡位的作用是改变汽车发动机与变速器输出轴的转速比，以适应行车的需要。挡位低，速比大，汽车驱动轮的转速也低，但获得转矩和牵引力则大；挡位高，速比小，汽车驱动轮的转速也高，但获得转矩和牵引力则小。

汽车在起步、上坡或通过困难的道路时，应选用低速挡。汽车在低速挡时，车速慢，发动机转速高，温度易升高，燃料消耗多，故使用不宜过长；中速挡是由低到高或由高到低的过渡挡，中速挡的使用机会比低速挡多，但也不宜长用；在道路条件较好，发动机有足够的动力或汽车荷载轻时，应用高速挡行驶，这样既能提高行驶速度，又能节约燃料，发动机的磨损也较小。汽车变速器还设有倒挡，它用于汽车的后倒行驶。

2. 加减挡方法

从低速挡逐级换入高速挡称之为加挡或升挡；从高速挡逐级换入低速挡称之为减挡或降挡。

3. 加减挡注意事项

（1）加减挡一般应逐级进行，不可越级换挡。但遇到制动失效，又必须立即减速或停车时，可以越级减挡；在下短坡时，动力有余，也可越级减挡。

（2）倒挡位必须在汽车停住后进行。

（3）一般加挡前的加速行程长，则在空挡停顿的时间应长一些，反之，则应短一些。

三、转向

1.汽车转向的要求

汽车在行驶中,因道路交通情况的变化必须经常要改变行驶方向的即为转向。正确的转向,首先应当对道路的转弯半径、汽车的轮胎行驶轨迹、车体所占的运动空间及车速有个充分的估计。

2.汽车转向的概念

(1) 最小转弯半径

将汽车转向盘向左或向右转至极限位置,稳住转向盘,绕圆周行驶,其外侧前轮(转向轮)所滚轨迹圆的半径,称为汽车的最小转弯半径。最小转弯半径表明汽车在最小面积内回转的能力以及汽车通过窄弯曲地带或绕过障碍物的能力,它与转向角有关。转向角愈大,转弯半径愈小,其转向愈灵活;转向角愈小,转弯半径愈大,其转向愈困难。

(2) 内轮差

汽车转弯时,内侧前轮轨迹和内侧后轮轨迹的半径之差,称为内轮差。

内轮差表明了汽车行驶弯道的难易程度。它与各车的转向角大小以及轴距长短有关。转向角愈大,内轮差愈大;轴距愈长,内轮差愈大,反之则小。

3.转向灯的使用

转向信号灯是用来告知本车的行进方向。正确地使用转向灯是安全行车的重要条件之一。

(1) 转向灯使用的方法

汽车向右转弯、向右变更车道、让超车和靠边停车时必须开启右转向灯;汽车向左转弯、向左变更车道、超车、驶离停车地点或掉头,须开启左转向灯;汽车超车后驶入正常行驶路线,须开启右转向灯;汽车行经环形交叉路口时,进道不开灯,出道开启右转向灯。

(2) 转向灯开闭时机

①汽车在交叉路口转弯,应在距交叉路口50~100m处打开转向灯,转弯后回正转向盘,并立即关闭转向灯。

②汽车在变更车道前开灯(包括超车和让车),驶入变更车道后,待转向盘回正后应及时关闭转向灯。

③汽车起步时,汽车未动前开灯,驶入正常行驶路线后应及时关闭转向灯。

④汽车倒车、掉头时,均应在汽车未动前开灯,动作完成后应及时关闭转向灯。

⑤汽车靠边停车时,应在转向盘转动之前开灯,停车后关闭转向灯。

四、制动

汽车在行驶中经常受到道路和交通情况变化的影响而需要降低车速或停车,而减速和停车主要是靠操纵制动装置来完成的。因此,合理地运用制动器是保证汽车安全顺利行车的重要条件,也是节约汽车能量、减少汽车轮胎磨损的重要环节。

汽车制动按情况可分为预见性制动和紧急性制动两种。

1. 预见性制动

预见性制动是指汽车在行驶中,驾驶员根据已发现的行人、车辆、地形和交通情况的变化或预计到有可能出现的难以通过或有一定危险的障碍,有目的地采取减速或停车的措施。预见性制动能保证行车的安全和节约燃油,避免机件和轮胎受到损伤,这是一种常用的制动方法。预见性制动的操作办法是:当发现情况需要进行预见性制动时,先放松加速踏板,利用发动机怠速的牵阻作用来降低车速或将变速杆换置入空挡,利用滑行减速;再视情况的需要,持续或间歇地轻踏制动踏板,使车速降低或停车。

2. 紧急制动

紧急制动是指汽车在行驶中突然遇到紧急情况时,驾驶员用正确、迅速、有效的动作使用制动器,在最短的距离内将车迅速停住,以避免事故的发生。

紧急制动对汽车各部机件和轮胎都有较大的损伤,并且往往由于左右车轮制动效果不一致,以致造成车辆侧滑,方向难于控制,有造成事故的危险。所以,紧急制动只有在不得已的情况下才使用。

紧急制动的操作办法:

握紧转向盘,放松加速踏板,迅速将脚移至制动踏板并立即将制动踏板一次踩踏到底,必要时可同时拉紧驻车制动器操纵杆,以发挥车辆的最大制动效能,迫使车辆尽快停住。

3.汽车制动注意事项

(1) 使用预见性制动。在高速挡行驶时,要先踏制动踏板,待车速降到10km/h以下时,踏离合器踏板,这样既能避免造成发动机熄火,又可发挥较大的制动效能;在低速挡行驶时,可先踏离合器踏板,然后再踏制动踏板,这样既能保持发动机怠速运转,又能使汽车平稳停住。

(2) 汽车在狭窄弯道或雨、雪、冰冻、泥泞等路上行驶时,不得作紧急制动。否则,容易使车轮抱死,而发生侧滑或倾斜等交通事故。

(3) 汽车在紧急制动时,切不可先拉车制动器操纵杆,后踏制动踏板;也不得踏离合器踏板,或者把变速杆挂入空挡。

(4) 汽车除制动器失效或不宜使用制动器等情况外,严禁由高速挡直接换入低速挡来代替制动。

(5) 汽车涉水或车辆的一侧处在泥泞、冰雪等滑路上时,应尽量避免使用制动器。

五、停车

停车就是将行驶中的汽车通过制动的装置使之停止下来。停车方法一般都采用预见性制动。当汽车需要停车时,打开右转向灯,随着车速的降低,逐渐靠右行驶,接近预定的停车点时,踏下离合器汽车踏板,轻踏制动踏板,当车即将停住时,稍抬制动踏板,随即轻轻踏下,平稳地把车停住。停车要求达到平稳、准确、恰好。

六、倒车

汽车倒车是经常进行的一项操作。当汽车不能用前进挡行驶时就必须倒车。

倒车操作办法:

汽车倒车时,应先看好车后路线,注意障碍物,选好参照物为目标;根据需要选择倒车姿势,然后将变速杆挂入倒挡,发出倒车信号;倒车起步时的车速要慢。汽车在后退过程中,要及时修正方向,控制好车速,不要忽快忽慢,防止倒车熄火或因倒车过快、过猛造成危险。

第四章　汽车在平路驾驶

汽车在平路驾驶主要有行驶路线、行驶速度、行驶间距、转弯、会车、超车、让超车、掉头及车辆停放等的内容。

一、行驶路线

汽车行驶路线是指汽车按照道路上划定、设定的法定车道或部位分道行驶。行车应根据路面及道路上的各种动态、障碍物等情况，合理地选择行驶路线，尽可能地保持直线匀速行驶，以减少车辆机件磨损和燃料消耗，从而减轻驾驶员的疲劳，确保行车安全。

汽车行驶路线的选择：

(1) 车辆在宽阔平坦的道路上，应靠右侧行驶；

(2) 车辆在道路上有分道线时，应按规定各行其道；

(3) 汽车通过狭窄路段或拱度较大的路面，在无来往车辆的情况下，应保持在道路中间行驶；

(4) 汽车在行驶中，应尽量避开道路上的障碍物。

二、行驶速度

汽车的行驶速度与行车安全、燃料消耗、机件使用寿命都有直接关系，必须合理控制汽车的车速。汽车的行驶速度是根据车型、车况、道路和气候、环境、视线以及交通流量、驾驶技术、驾驶员的精力等因素确定。行车必须严格遵守交通法规中所规定的限速要求，谨慎驾驶车辆，合理控制车速，以确保行车安全。

1.控制汽车行驶速度的操作方法：

(1) 汽车在设有中心双实线、中心分隔带、机动与非机动分隔设施的城市道路上,应在交通法规规定的最高限速范围内行驶,即在城市道路行驶时,小型汽车70km/h,大型客车、大型货车60km/h;

(2)汽车在城市其他道路上行驶,小型汽车60km/h,大型客车、大型货车50km/h;

(3)汽车在设有中心双实线、中心分隔带、机动车与非机动分隔设施的公路上行驶,最高时速不得超过交通法规的限速规定,即小型汽车80km/h,大型客车、大型货车70km/h;

(4)汽车在其他道路上行驶,不得超过最高限速规定,即小型汽车70km/h,大型客车、大型货车60km/h;

(5)汽车在良好的道路上通常以高挡位车速行驶,车速因车型不同而不同。

(6)汽车在行驶中需要减速时,应适当松抬或完全松抬加速踏板,利用发动机的牵阻逐渐降低车速;如不能达到减速要求,则可辅以行车制动器来达到减速目的。汽车在行驶中需要加速时,必须根据情况直接加速,或减一级挡位后加速以保证发动机有足够的动力;小范围内调整车速,只需适当踏下或松抬加速踏板即可。

2.车辆行驶的特别规定

车辆在行驶中遇有下列情况之一,最高车速不准超过20km/h。

(1)通过胡同(里巷)、铁道路口、急弯路、窄路、窄桥、隧道时;

(2)掉头、转弯、下陡坡时;

(3)遇风、雨、雪、雾天,能见度在30m以内时;

(4)在冰雪、泥泞的道路上行驶时;

(5)喇叭、刮水器发生故障时;

(6)牵引发生故障的机动车时;

(7)进出非机动车道时。

机动车在城市街道、公路以及其他道路上行驶的最高时速表(km/h)　表8

车型 \ 时速(km/h)	城市街道	公路	其他道路 城市街道	其他道路 公路
小型客车	70	80	60	70
大型客车、货运汽车	60	70	50	60
二轮、侧三轮摩托车	50	60		
铰接式客车、电车、载人的货运汽车、带挂式的汽车、后三轮摩托车	40	50		
拖拉机、轻便摩托车	30			
电瓶车、小型拖拉机、轮式专用机械车	15			
四轮农用运输		50		
三轮农用运输车	40			

三、行驶间距

汽车行驶间距是指汽车之间纵向和横向的距离。

车辆在道路上行驶,由于交通情况及路面状况的限制,不能超越前车时,必须暂时或长时间尾随前车行驶。后车与前车应保持适当的纵向间距,以便观察前车的动态,确保行驶安全。

1. 两车行驶间距（尾随间距）

两车行驶间距应适应行驶速度和交通条件,尾随间距随速度变化而变化。两车行驶间距的大小与两车行驶速度是相当的。两车行驶的尾随间距一般应大于车速值,最小也不能低于车速值。如车速为60km/h,则尾随间距为60m；车速为20km/h,则尾随间距为20m。

2. 小型汽车尾随大型汽车

小型汽车尾随大型汽车应适当加大尾随纵向间距,至少应保持能看清前车前方各种信号灯与叉路口的指挥信号灯等。

3.大型汽车尾随小型汽车

大型汽车尾随小型汽车，其视线较好，便于观察，可随时采取预见性措施。但是，大型汽车与前车也必须保持绝对安全间距，避免因前车紧急制动，后车尾随过近，加上措施不及而发生碰撞等事故。如两车行驶速度为30km/h，那么两车的行驶间距应保持至少30m的距离。尾随距离也可适当缩短，一般以双眼能看到前方车辆后轮着地位置为极限间距。前车在行驶中，应随时观察尾随车辆的动态，尽量避免采用紧急制动，以防止尾随车辆因制动不及等造成交通事故。

四、转弯

车辆转弯应观察道路的路宽幅度、弯度的大小、地形和其他交通情况。根据转弯需要，选择转弯路线，控制行驶速度，掌握转向时机，做到"减速、鸣号、靠右行"。减速是为了便于观察弯道或道路两侧情况和避免造成转向过急而引起汽车失控、失稳。鸣号可提前警告弯道对方的车辆和行人以引起注意，及时避让（禁鸣路段，应缓行）。靠右行是为了避免侵占对方来车的行驶路线，与双方车辆会车时不致于发生碰撞。

1.汽车转弯速度控制

汽车转弯时，车辆减速程度，要视路面的宽窄、弯度的大小、车型及装载情况而定。弯道较宽、弯度较小、车辆重心较低时，速度可提高一些；反之，弯道较窄、弯度较大、车辆重心较高时，速度必须降低下来，这样汽车才不至于造成横向滑移，甚至是发生翻车事故。

2.转向时机

转弯时能否正确掌握转向时机，合理地运用转向角度，是汽车安全平稳地通过弯道的重要因素之一。当车辆接近弯道时，要判断路面宽幅和弯度大小，确定合理的转向时机，使车辆安全平稳地通过弯道。

汽车转向时应随弯道弯度的增加而加大转向角度,当车辆行驶至弯道的1/2左右时,转向盘转动稍停后,视车辆驶入弯道状况回转转向盘,做到车正回轮,转向均匀灵活。

3.注意事项

(1)右转弯时不宜过早靠右,待车辆驶入弯道后,再把车逐渐靠右行驶,防止右后轮偏出公路外或导致车辆驶向路中而影响会车。

(2)左转弯时车辆应转大弯通过,注意避免右前轮驶出路外;如前方无来车及其他情况时,可适当居中偏左行驶,以提高弯道通行的速度和车辆行驶的稳定性。转弯过程中,应尽量避免紧急制动和不必要的变速换挡。

(3)车辆驶入连续弯道时,应保持均速行驶,根据弯道的弯度情况进行操作。转弯时,要控制好车速和转向的配合,正确选择行驶路线,适时鸣喇叭,沿道路中心线右侧行驶。

(4)在弯道会车,要注意对方车辆的尾部,防止发生"扫尾"事故。

(5)弯道上行车要尽量避免超车。在视线不良和交通法规规定禁止超车的弯道一定要严禁超车。

五、会车

会车应靠道路右侧通过。车辆交会时,应根据双方车辆的速度、车型、车况、装载情况以及道路状况、视线好坏、气候条件、交通情况和驾驶技术水平等因素来调整自身车辆的速度及行驶位置,选择有利的会车地点,适当降低车速,握稳转向盘,同时顾及道路两侧情况,保持两车间留有足够的横向间距,从而达到安全迅速会车的目的。

在道路上正常会车,可适当加大两车横向间距,减速交会。会车后,从后视镜观察确认无车辆超越时,再缓缓地驶向道路中心;前方会车遇有障碍物时,应减速慢行,礼让来车。两车在狭路、窄桥、便道等狭窄路段会车时，应让距离较近、车速较快、前方无障碍一方先行；遇雨、雾、黄昏等视线不清的情况会车时，应降低车速，开启示宽灯，加大两车横向间距，必要时须停车避让。

六、超车

超车应遵守交通法规有关规定，选择道路宽直、视线良好、对面无来车，且道路两侧均无影响超车障碍物的路段进行。超车要留有足够的横向间距，达到迅速、平稳、安全超越的目的。

超车前应根据双方车辆的车速、车长、车型，充分估计超车所需的时间和距离；在道路条件允许的情况下，打开左转向灯，发出超车信号，逐渐驶向前车左侧，鸣喇叭，待前车让超后，加速从左侧与被超车辆保持足够的横向安全间距超越。超车后，仍循左侧行驶一段距离，在不妨碍被超车辆正常行驶的情况下，变左转向灯为右转灯，逐渐驶回正常行驶路线。

超车注意事项：

（1）汽车在超车过程中，如突然遇对面来车时，应握稳转向盘，慎用紧急制动，及时尽快减速，让被超车辆短时间内驶离，然后尾随其后，待机再超。

（2）超越停放车辆时应减速鸣号，注意观察停放车辆的动态，并与其保持较大的横向间距。特别注意与防止停止车辆前方有行人横穿道路或停止车辆突然打开车门。

（3）前方车辆示意左转弯或掉头时，不得超车。

（4）与对面来车有可能会车时，不得超车。

（5）在超车过程中，发现左侧有障碍并且横向间距过小而可能发生挤擦时，应迅速减速，终止超车，待机再超，但要慎用行车制动，防止侧滑。

七、让超车

汽车让同方向行驶车超越的过程称为让超车。驾驶车辆时应注意观察尾随车辆动态，发现后车发出超车信号时，若道路条件允许应及时减速，开右转向灯，靠右行驶让后车超越。必要时，辅之以手势示意让超。后车超越后，应注意观察后视镜，确认无其他车辆超越后，将右转向灯变为左转向灯，待车辆驶入正常路线后，关闭转向灯。

让超车注意事项：

(1) 让超车后，前方出现障碍物或其他情况，应及时减速，甚至停车让超；待后车超越后再越过障碍物行驶。

(2) 后车超越时，前车不得故意不让或让路不让速。

(3) 让车过程中，不得突然向左变更行车路线。

八、掉头

汽车掉头是为了使汽车向相反的方向行驶。正确的掉头方法可以有效地缩短掉头的时间，减少对其他行驶车辆的影响。汽车掉头，必须严格遵守交通法规，在掉头地点要认真观察周围情况，确认无来往车辆或不存在其他障碍物时，方可掉头。

1. 在路幅较宽的道路上掉头

当汽车驶到距离掉头地点 50~100m 处，应降低车速，换入合适的挡位（1挡或2挡），使车辆靠道路右侧行驶，开启左转向灯，同时注意观察路面前后交通情况，到达合适的掉头地点，确认不妨碍掉头的情况后，迅速向左打转向盘，一次性顺利地完成掉头。

2. 在路幅较窄的道路上掉头

当汽车驶近掉头地点，应提前降低车速，换入低速挡（1挡），靠道路右侧行驶，开启左转向灯，同时注意观察交通情况。当汽车到达预定掉头地点后，迅速地向左打转向盘，当前轮接近路边时，迅速回转方向并停车。

3.掉头操作要领

(1)汽车掉头时,先打开左转向灯发出掉头信号,将车辆尽量靠近道路右侧低速行驶;也可以在汽车驶近掉头地点时,降低车速靠道路右侧行驶,采取中速挡或低速挡进行掉头。

(2)注意观察道路情况,确认行车安全后,迅速向左打死转向盘。

(3)根据需要可采取一次性顺车掉头、叉路口掉头、顺车与倒车相结合的掉头等操作方法。

九、车辆停放

车辆停放应遵守交通法规的停车规定,按指定地点依次停放,注意停放整齐,保持随时可以驶出的间距。车辆停放,需要察看好停车地点,减速靠右行,根据停车地点的停放形式,采取相应的方法把车驶入停车位置。

停车注意事项:

(1)车辆在道路上停车,应选择道路平坦、坚实、视线开阔、不影响会车的安全地点,按顺行方向靠道路右边停放。若与其他车辆临近停放,应保持相应的间距,不得在道路两侧并列停放。

(2)车辆在城市街道停车,应按指定地点依次停放。

(3)车辆在途中发生故障停车的,应迅速将车移至安全地点,以免妨碍交通。如无法移动车辆的,应在车辆前后设置标志,以便引起行驶车辆的注意,防止碰撞。

(4)装载易燃易爆或其他危险品的车辆,应停放在远离建筑物的安全宽阔地点。

(5)在交叉路口、铁路道口、急弯、陡坡、窄路、桥梁、隧道等地点以及距离上述地点20m内的路段,不准停车。

(6)在设有人行道护拦的路段、人行横道、施工地段、障碍物对面等地点不准停车。

(7)河溪边、悬崖下、深谷旁以及道路视线不清的隐蔽地段避免停车，路面有油污、腐蚀性化学物品等处应避免停车。

(8) 车辆停放时应挂上低速挡，并使用驻车制动器，必要时还须垫上三角木。

(9) 在夜间停车或遇风、雨、雪、雾等天气停车时，须开启示宽灯、尾灯。

第五章 汽车在坡道驾驶

汽车在坡道驾驶包括上坡驾驶和下坡驾驶。汽车在坡道上行驶，对驾驶操作影响较大。坡道大多是在山区或丘陵地带，弯道多，路面狭窄，危险地段也多，所以驾驶操作难度较平路大。在坡道上行车，必须根据坡道的大小、长短、弯道缓急、路面宽窄，结合汽车的性能和装载情况，采取恰当的操作方法，以确保坡道行车的顺利和安全。

一、上坡驾驶

上坡驾驶应准确估计发动机动力，掌握换挡时机，保持足够动力，动作要求迅速、及时、准确、配合协调。同时，根据坡道特点，谨慎驾驶，转弯做到"减速、鸣号、靠右行"，确保行车安全。

1. 上坡换挡

汽车在上坡行驶中，换挡动作较平路难度大，尤其要注意离合器和加速踏板的配合，要求动作迅速、及时、准确，手脚配合协调。

（1）坡道加挡的加速时间比平路驾驶长，待车辆达到高一级挡位速度时，立即运用二次离合器加挡方法，换入高一级挡位，换挡动作越迅速越好。换挡后，应迅速将加速踏板适量踏下以保证车辆有足够的动力行驶。

（2）汽车上坡前，一般应适当加速冲坡，当车速开始降低，发动机声音由轻快而变为沉闷，车辆尚有余力时，应迅速按减挡要领换入低一级挡位行驶。

（3）由于坡度陡，车辆上坡时车速降低较快，减挡时机应较一般坡道适当提前；且坡道越陡，提前量越大；必要时，可越级减挡。避免因动作缓慢，车辆降速太快，减挡后汽车无法行驶，甚至造成熄火或倒溜。

2.上坡行驶

上坡时应根据坡度大小，坡道长短需要选择合适的挡位加速行驶，以保证足够的驱动力。汽车行驶中，如感觉动力有余时，应及时加挡。

（1）在无急弯、路面又无障碍物、视线清楚、对面无来车的情况下，可适当加速，利用车辆的行驶惯性冲坡，减少换挡。

（2）车辆行驶在长而陡的坡道时，如条件不允许加速冲坡，应提前换入低一级挡位，适当踏下加速踏板，以保证足够的动力驶上坡顶。

（3）汽车在视线受限制的坡顶，应减速、鸣喇叭、靠右行驶，随时做好会车或停车的准备。

（4）车辆尾随前车行驶，应加大纵向间距，以免前车后溜或尾随过近而发生碰撞等事故。

3.上坡转弯

上坡转弯视线受到限制时，应减速、鸣号、靠右行驶；通过弯度不明的弯道，须换入低速挡，慢速行驶，随时做好停车准备。如遇会车，应根据双方车型、装载、车速及道路情况，合理地选择会车地点，道路条件许可的一方车辆尽量让行。上坡转弯，应靠右行驶，如前方无来车时，方可居中行驶，以防发生交通事故。

二、下坡驾驶

下坡驾驶，为确保行车安全，应视坡度的大小提前换入合适挡位，以利用发动机的牵阻作用控制行车速度；必要时，可视坡道情况轻踏制动踏板辅以制动。

下长坡行驶应尽量避免长时间使用行车制动器控制车速，因为长时间使用行车制动器，会使制动毂过热，制动效能降低。因此，在下坡行驶中，应适时停车休息，使制动毂冷却，防止因制动毂过热而使制动失效而发生危险。下坡转弯应做到"减速、鸣号、靠右行"。

下坡驾驶注意事项：

（1）气压制动的车辆下坡行驶，要随时观察气压表读数，要始终保持有效气压，一旦发现气压不足，应立即停车；使用制动踏板不宜频繁，应连续不断地随踏随放，以免过多地消耗压缩空气。

（2）下坡行驶应注意保持发动机的正常温度值，视需要及时调整百叶窗的开度，防止发动机温度过低而增加燃料消耗。

（3）下坡尾随前车行驶时应适当拉长纵向汽车间距，一般不小于30m。

三、坡道停车

坡道停车应遵守交通法规的有关停车规定，选择路基坚实、路面宽阔、视线良好的安全地段靠右侧停车。

上坡途中停车，要选择好停车地点，先踏下离合器踏板，待车辆即将停住时，再踏下制动踏板把车停住；下坡途中停车，应先制动减速，待车速降至将要停车时，再踏下离合器踏板及制动踏板，使车辆停住；坡道临时停车，如发动机仍怠速运转或变速杆在空挡位置时，驾驶员不得离开驾驶室，防止驻车制动器抖松，发生车辆滑动造成事故。

坡道停车注意事项：

（1）拉紧驻车制动器操纵杆。

（2）将变速器操纵杆挂入低速挡或倒挡（上坡车挂一挡或二挡，下坡车挂倒挡）。

（3）用三角木等其他硬质物塞住后轮，防止车辆溜动。

四、坡道起步

坡道起步包括上坡起步和下坡起步。坡道起步主要是掌握离合踏板、加速踏板和驻车制动器操纵杆的密切配合，达到迅速、平稳、准确起步的目的。

上坡起步视坡度情况，轻踏加速踏板，提高发动机转速；同时左脚缓抬离合器踏板至半联动状态，松开驻车制动器操纵杆，随后徐徐踏下加速踏板的同时，继续松抬离合器踏板使汽车平稳起步。

下坡起步可按平路起步要领操作，但加挡前的加速时间可适当缩短，起步时的挡位可根据当时坡度情况选择。下坡起步应先松开驻车制动器操纵杆，在车辆开始溜动时，再缓抬离合器踏板；一经联动可视情况挂入中速挡行驶。一般不宜用高速挡下坡起步，避免操作不当损坏机件。

坡道起步注意事项：

(1) 当放松驻车制动器后，车辆仍不能前进时，稍抬离合器踏板，同时踏下加速踏板，略提高发动机转速，即能平稳起步。

(2) 汽车起步发生后溜时，应立即踏下制动踏板和离合器踏板，同时拉紧驻车制动器操纵杆，待车停稳后，重新起步。

(3) 过快松抬离合器踏板，会因发动机动力跟不上，造成熄火。

五、坡道倒车

坡道倒车包括向上坡方向倒车和向下坡方向倒车。坡道倒车应遵守交通法规的有关规定，合理选择倒车路线，注意观察车后情况，保持匀速平稳后倒，以确保倒车安全。

向上坡方向倒车，操作方法同上坡起步。起步后应控制好加速踏板，保持均匀速度平稳后倒；注意从后视窗或后视镜观察车后情况，保证后倒安全；停车时，离合器踏板与制动踏板要同时踏下，但踏离合器踏板的速度应略快，以免发动机熄火。向下坡方向倒车起步时，右脚应踏在行车制动器踏板上，松开驻车制动器操纵杆应与松抬离合器踏板同时进行；车辆后倒时，首先利用发动机的怠速牵制车辆后倒的速度，并视情况用轻踏制动器踏板配合倒车；停车时，在踏下离合器踏板的同时，踏下行车制动器踏板，以防车辆后溜。

第六章 汽车通过桥梁、铁道路口和隧道的驾驶

一、汽车通过桥梁驾驶

桥梁有水泥桥、拱型桥、漫水桥（漫水路）、木桥、浮桥、吊桥和便桥等。公路上桥梁各种各样，其结构材料不尽相同，承载能力也各不一样。

水泥桥建筑结构牢固，桥面平整跨度大，承载能力大，便于车辆通行；

拱型桥多用石料筑砌，桥面宽幅不一，拱型度大，视线受阻不清，不宜观察对面情况；

漫水桥（漫水路）路情不清，水深流急给车辆通行带来很大困难；

木桥牢固性差，且容易腐烂，承载能力小，行驶困难；吊桥、浮桥承载负荷低，安全性差，难以通行；便桥路窄，汽车通过时危险性大。

汽车通过桥梁驾驶注意事项：

（1）汽车通过时，应注意桥头附近的交通标志，严格遵守车速、载质量及轴重限制的有关规定。

（2）遇路面不平、狭窄、视线不清的桥梁，车辆须减速慢行，并注意观察，随时做好避让和停车准备。

（3）汽车通过吊桥、浮桥、便桥和木桥时，事前应注意观察桥梁的牢固程度，条件许可的车辆以低速挡慢速平稳通过，途中避免变速、制动和停车起步，以免造成对桥梁的冲击而发生危险。

（4）汽车通过漫水桥、漫水路时，首先要下车查清水深、水流情

况,然后以低速挡保持足够动力,循固定路线一气通过,途中不可变速、停车和急剧转向。通过漫水桥、漫水路后,应用低速挡继续行驶一段路程,轻踏制动踏板,蒸发干制动蹄片与制动毂的水分,待制动毂效能恢复后,方可继续行驶。

二、汽车通过铁路道口的驾驶

1.汽车通过无人看管的铁路道口

汽车通过无人看管的铁路道口前,应提前减速,到达停车线时要立即停车,按先左后右的顺序观察铁路线上有无火车通过,确认安全后再低速通过。在没有停车线的道口,应将车辆停在距最外股铁轨5m远以外的地方。

2.汽车通过有信号灯控制的铁路道口

(1) 车辆通过道口遇道口栏杆(栏门)关闭,红灯亮,音箱器发出报警或看守人员示意停止行进时,应依次停车等待,或依次停在停车线以外。

(2) 车辆驶近道口遇白灯亮时,准许车辆通过;遇道口信号灯交替闪烁或红灯亮时,不准车辆通行。

3.汽车通过铁路道口注意事项

(1) 汽车穿越铁道路口,应一气呵成,不准在火车行驶区域内变速、制动或停车。

(2) 汽车在火车行驶区域内发生故障时,应立即设法将车移开,不准停留和就地检修。

(3) 汽车通过铁路时,应注意轨道等突出物,避免损伤轮胎。

(4) 在车辆较多、交通拥挤的道口,要注意观察道口对面是否有停车的空位,如果没有空位,切不可穿越道口,以免长时间在道口内停车。

(5) 遇道口内的路面凹凸不平,铁轨又滑时,要注意防止车辆跑偏和侧滑,两手应紧握转向盘,把握好行驶方向,保持直线行驶。

(6)车辆载运万吨以上大型设备构件时,须按当地铁路部门指定的道口、时间通过。

三、汽车通过隧道的驾驶

隧道多在山区道路,隧道分为单行道和双行道。隧道内一般比较窄,有时路面比较滑。短隧道可以从入口看到出口,而长隧道或中途有弯的隧道则从入口无法看到出口。长隧道在入口处都设置着信号指示灯,遇绿色信号灯方可驶入。进入隧道应打开车灯,短隧道开小灯,长隧道可开大灯(近光灯)行驶。

1. 进入隧道

(1)汽车通过单行隧道,应观察对方有无来车,是否有通行条件;允许通过时,适当鸣喇叭或开启示宽灯,缓行通过;如发现对面有来车驶入隧道或有停车信号,应及时在道口靠右侧停车,待来车通过或见有放行灯光信号后,再起步驶入隧道,做到红灯亮停车,绿灯亮通过。

(2)汽车驶入双车隧道,应靠道路右侧行驶,视情况开启灯光,注意交会车辆。隧道内一般不宜鸣喇叭,尤其在距离较长、车辆流量较大的隧道内更须注意,避免鸣喇叭使隧道内噪声增大。

2. 驶出隧道

(1)汽车驶出隧道口时,要提防出口处有较强的气流干扰;应握紧转向盘,适当抬起加速踏板降低车速,但不得空挡滑行。

(2)隧道出口两侧是视线死角,无法观察到道路两侧的情况,为了防止行人、牲畜等的突然出现,汽车应在出口处及时鸣喇叭,预防发生事故。

(3)汽车驶出隧道后,应及时关闭车灯,按正常速度行驶。

3. 汽车通过隧道注意事项

(1)汽车进入隧道前,应注意交通标志和用文字说明的规定,特别注意高度限制标志,并提前打开车灯。

(2)汽车进出隧道,由于视觉存在明暗对比度的强烈反差,应减速慢行,注意行车安全。

(3)汽车在隧道行车应尽量少鸣喇叭,以防噪声干扰。

(4)不准在隧道内超车、停车、倒车、起步和掉头,防止交通堵塞,或发生交通事故。

(5)汽车进入隧道后要随时观察车速表,将车速控制在安全限速的范围内,切忌高速行驶。

(6)汽车在隧道内尾随前车行车,要保持充分的车距;若路面潮湿时,车距应相应增大。

第七章 汽车在复杂道路及异常气候条件下的驾驶

汽车在复杂道路和异常气候条件下的驾驶，包括城市道路驾驶、夜间驾驶、冰雪道路驾驶、雨天驾驶、雾天驾驶、高温气候条件下的驾驶、严寒气候条件下的驾驶以及高速公路驾驶等等。

一、在城市道路上驾驶

城市人口高度密集。城市道路上车多、人多，行车难度大，会车、制动、停车、换挡、尾随行驶频繁。城市汽车通行的街道，虽然设有人行道和人行横道线，仍难免有人闯入机动车道，妨碍汽车通行。因此，在城市道路上驾驶就必须根据城市行人动态的特点，要求驾驶员在行车时思想高度集中。遇人多、交通情况复杂时，做到不紧张、不急躁。遇人稀车少、交通比较单纯时，也不能麻痹大意。一般地讲，在城市道路驾驶应控制车速。

1. 汽车通过平面交叉路口

城市的平面交叉路口，由于车辆和车辆之间、车辆和过人行横道的行人之间的相互干扰，既造成交通阻滞、降低行车速度，又容易发生交通事故。因此，驾驶员在通过交叉路口时必须谨慎驾驶车辆。

(1) 车辆在通过平面交叉路口时要注意交通标志和指挥信号灯，服从指挥，不能抢信号和加速强行通过。

(2) 汽车在进入平面交叉路口前要控制行车速度。通过平面交叉路口的车速一般不要超过20km/h。车辆要在距交叉路口 50～100m

时开始减速,以便达到规定的时速。当通过路面窄、盲区大的平面交叉路口时,车速要控制在5km/h~10km/h。

(3)汽车在设有快慢车道的平面交叉路口转弯时,要在停车线以外50~100m处,按照交通标志线的要求变更车道。在快车道行驶的车辆,需右转弯的应驶入慢车道;在慢车道上行驶的车辆,需左转弯的应驶入快车道,决不允许在进入实线路段或交叉路口当中临时变更车道。

(4)汽车在通过没设交通指挥信号或没有交通标志的平面交叉路口时,要按交通法规中的让行规定行驶。

(5)汽车在平面交叉路口等待放行信号时,应集中精力做好准备,待放行信号发出后尽快起步,以免阻滞交通。

(6)进入环形交叉路口(环岛)的车辆,应按逆时针方向绕行。行至所要出去的路口,按右转弯离岛驶出。进入环形路口的车辆必须让已在路口内行驶的车先行,转向信号灯按"进不开,出开"的原则运用。在有两条或两条以上车道的环形路口,当车辆由内侧车道离开环形路的预定地点前,要先安全驶入外侧车道,不能从内车道右转弯直接驶出环形交叉路口。

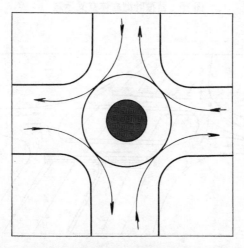

图14 环形交叉路口(环岛)示意

2.汽车通过立体交叉路口

立体交叉有分立式和互通式两种。分立式是最简单的立体交叉，车辆上下通行互不影响；互通式立体交叉常见有两种形式，其一是苜蓿叶型立体交叉，另一种是环形立体交叉。

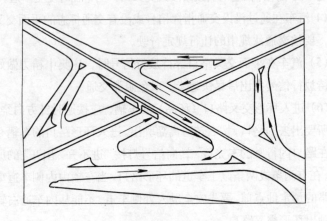

图15 苜蓿叶型立体交叉示意

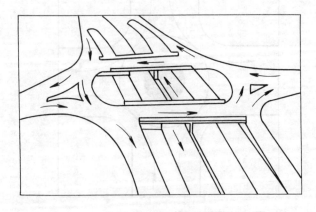

图16 环形立体交叉示意

(1)汽车通过苜蓿叶型立体交叉路口——直行车辆均按原方向行驶，右转弯车辆须通过右侧匝道行驶，左转弯车辆必须直行通过跨线桥，然后向右转进入匝道，右转180℃，达到左转弯的目的。

(2)汽车通过环型立体交叉路口——除下层路线的直行车辆和右转弯车辆按原方向行驶外，其他车辆都必须驶入环道，再按逆时针方向绕环道选择所需的行进方向行驶（掉头车辆，可用连续两次左转弯的方法来实现）。

3.在城市道路上驾驶的注意事项

(1)城市道路驾驶应注意行人与车辆的动态。正确判断交通情况的变化，遵守交通法规，服从管理，听从指挥，注意交通信号、交通标志和交通标线；保持安全车速和安全距离；掌握变更车道、通过交叉路口及人行横道的方法，确保驾驶安全。

(2)汽车通过学校、公园、体育场馆、影剧院、集市或农贸市场等场所时，应低速缓行，慎防行人突然横穿。

(3)超越电车、汽车或与其会车以及经过有公共汽车、电车停靠车站时，除注意超车、会车的车辆外，还要随时做好停车的准备，以防车前（车后）横穿街道的行人、自行车与摩托车等。

(4)车辆需要倒车或掉头时，必须遵守倒车和掉头的规定，选择合适地点进行。汽车倒车和掉头要小心谨慎，必要时要有人指挥。

(5)在城市道路（停车场）停车时，应紧靠道路两旁或规定的车位依次停放。

(6)在未设分道线的街道上，如果对面无来车时，保持在道路的中间行驶，遵守限速的规定，并与前车保持必要的安全距离，尽量减少超车。

(7)严格遵守禁止鸣号、禁止通行、禁止停车、禁止超车以及单行道等的规定。

二、在夜间驾驶

汽车在夜间行车时，因灯光照射范围和能见度有限，视线受到约束，有时灯光晃动，要迅速看清地形比较困难，甚至会造成错觉。另外，在夜间行车时，驾驶员视线变差，精神处于高度集中的状态，极易产生疲劳而出现判断与操作的失误。

1．在夜间驾驶的操作方法

（1）灯光的使用：灯光具有照明和信号两方面作用，应正确使用。使用灯光的时间一般与城市路灯开熄时间相当，如遇阴暗天气或视线不良时，可提前开灯，凌晨可推迟闭灯。及时开启示宽灯、尾灯、牌照灯和仪表灯，当看不清前方100m处物体时，开启前照灯。车速在30km/h以内，可使用近光灯，灯光须照出30m以外。车速超过30km/h，应使用远光灯，灯光须照出100m以外。

（2）夜间驾驶在起步时宜先开启近光灯，看清道路后再起步。

（3）汽车在夜间会车时，在距对面来车150m以外，将远光灯改用近光灯，降低车速，使车辆靠道路右侧（让出中心线），并保持车辆直线行进。

（4）夜间驾驶需要超车时，可用连续变换远、近光灯的方法，示意前车让路。在确认前车让路，允许超越的情况下，方可超越。

（5）汽车在夜间倒车和掉头时，必须下车观察路面情况，注意上、下障碍及四周的安全界限，并在进退中留有余地。

2．在夜间驾驶的注意事项

（1）做好出车前的准备，对车辆进行维护，保证车况良好，灯光必须有效可靠，同时带好手电筒、随车工具与配件等。驾驶员应精力充沛，切勿疲劳驾驶。

（2）夜间行车注意汽车仪表工作情况和发动机、底盘有无异常以及驾驶室有无异味等，如有故障应及时排除。

（3）夜间驾驶应注意道路施工信号，在阴暗地段、路况不易辨清时，必须减速。遇险要地段，应当停车察看，弄清道路情况后，方能上路行驶。

（4）夜间驾驶在道路旁需要临时停车的，应开启示宽灯、尾灯，以提醒他人。

三、在冰雪道路上驾驶

汽车在冰雪道路上驾驶，因路面的附着力小，制动距离延长，车轮易侧滑和滑转，汽车的稳定性和制动性差，驾驶方法与一般路面有所不同。因此，行车中应严格遵守交通条例的有关规定，选择安全行驶路线，尽量靠道路右侧缓行。

1.汽车在冰雪道路上驾驶的操作方法

（1）有条件时可安装防滑链，以增加附着性能，也可以在车轮上绕钢丝绳代替做短距离行驶。

（2）汽车起步时，若没有安装防滑链，可以采用比平常起步高一级的挡位，利用离合器半联动和轻踏加速踏板的方法，使发动机在不熄火的条件下实现平稳起步。

（3）汽车尾随前车行驶，应与前车保持较大的纵向距离，安全距离一般在50m以上。

（4）汽车如遇有情况需要减速时，应换低速挡控制车速，尽量避免制动。确需制动时，则须提前采用间歇缓踩制动踏板的方法，并辅以驻车制动器。

（5）车辆会车时，应提前减速，选择安全的路段靠右侧慢慢通过，尽量增大两车的横向间距，并与路边保持适当的距离，必要时须停车礼让。

（6）车辆行至弯道时，要提前缓抬加速踏板，平稳降速，适当加大转弯半径，不得猛打转向盘，以防车轮侧滑。

（7）在冰雪道路上驾驶车辆时，应保持中、低速行驶，禁止猛抬或急踏加速踏板。会车时应靠道路右侧慢慢通过。

2.在冰雪道路上驾驶的注意事项

(1)在冰雪道路上驾驶切忌将行车制动器一脚踏到底,或使用驻车制动器过急、过猛。

(2)在结冰的路上行驶,应在驱动轮上安装防滑链,尽量利用发动机的牵阻作用降速,并尽量少打方向盘,以防侧滑。

四、在雨天驾驶

在雨天驾驶,能见度低,道路湿滑,车辆的制动性能变差。

1.在雨天驾驶的操作方法

(1)在雨天驾驶车辆,能见度低,道路湿滑,应降低行驶速度,尽量避免紧急制动。同时,使用刮水器随时擦净挡风玻璃上的雨水,以保证良好的视线。

(2)在雨天尾随其他车辆行驶时,应降低车速,适当加大与前车的纵向安全距离。遇到较大的水面时,应低速缓行,切忌加速冲过,以免因雨水溅起而影响行车视线而造成危险。

(3)在雨天会车、转弯时,应提前减速,缓慢转动转向盘,靠右侧慢慢通过,以防发生车辆侧滑。能见度在30m以内时,车速不准超过20km/h。

2.在雨天驾驶的注意事项

(1)要根据气象预报和气候变化的征兆,认真做好刮水器的检查、装载物资的防潮与点火系的防潮等工作。

(2)在雨天驾驶,因渣油路面较滑,必须降低车速谨慎操作;一旦遇到车辆发生侧滑,头脑要保持冷静,并采取有效措施控制驾驶。

五、在雾天驾驶

在雾天行车,能见度差,视距短,且路面湿滑,制动效能降低,车辆易侧滑。

1. 在雾天驾驶的操作方法

(1) 在雾天驾驶车辆,需打开防雾灯,靠右行驶,与其他车辆及行人保持充分的安全距离。大雾天气应密切注视前方交通情况,适当多鸣喇叭以引起车辆、行人注意;能见度极低时,应及时选择适当地点暂时停车,开启示宽灯,待大雾消散或能见度有了改善后,再继续行驶。

(2) 在雾天尾随行车时,应密切注意前车动态,保持较大的尾随间距。由于雾天能见度低,驾驶车辆时,应严禁超越车辆。在超越路边停放的车辆时,注意道路左侧的交通情况,勤鸣喇叭,做好随时停车的准备,切忌盲目超越。

(3) 在雾天会车,应关闭防雾灯,以免给对方造成眩目,同时加大侧向间距,低速行驶,会车后打开防雾灯。

2. 在雾天驾驶的注意事项

(1) 当能见度在 30m 以内时,车速不超过 20km/h;能见度在 5m 以内时,应当停驶。

(2) 雾中不要开大灯行驶。雾中灯光并不是灯光越强,视距越大,因为强光照在雾上会引起散射,从而影响视线,反而什么也观察不到。

六、在高温气候条件下的驾驶

在高温气候条件下的汽车驾驶,由于气温高,空气密度变小,使发动机充气系数降低,发动机功率下降;发动机容易过热,从而产生爆燃、润滑油变稀、黏度变小、润滑不良等的现象,使机件磨损加快;高温气候条件下的驾驶,将会导致汽车机械故障增加,影响行车。如液压制动装置出现气阻;轮胎温度过高,胎压增加,易出现爆胎;燃料系出现气阻;蓄电池电解液水分蒸发加剧,使蓄电池提早损坏等等。

1. 在高温气候条件下的驾驶方法

(1) 随时注意发动机的水温。水温过高时,应选择阴凉处停车降温,并打开发动机罩进行通风散热,也可对冷却系进行换水降温。

（2）经常检查冷却水的数量，并及时进行添加补充。冷却水沸腾时，不可立即开启散热器盖，应先使发动机急速运转，待温度适当降低后，再将发动机熄火进行加水。在打开散热器盖时，要避开加水口上方，以免水汽冲出烫伤手脸。若需热车更换冷却水时，不可将热水全部放出后加添，以免气缸体因冷却不均而发生破裂。

（3）燃料系产生气阻时，应先停车降温，排除故障后，再继续行驶。

（4）注意轮胎及胎压的变化，发现胎温、胎压过高时，应选择阴凉处停息，使其自然恢复正常，不可用放气或浇水的方法进行降温。如行车中突遇轮胎爆裂时，应当握稳转向盘，平稳停车。

（5）在高温气候条件下的行车容易精神疲倦、身体不适或发生瞌睡，应及时停车休息，不可硬撑。

（6）要经常检查蓄电池电解液的数量，不足时应添加蒸馏水进行补充。

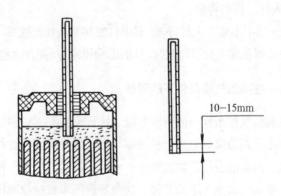

图17　蓄电池电解液检查示意

2．在高温气候条件下驾驶的注意事项

（1）携带必要的水桶、防雨布、防滑链条等用品，最好能带上太阳镜、防暑药品等，以供途中使用。

（2）避免在强阳光、高气温的时候行车。

七、在严寒气候条件下的驾驶

严寒气候条件下的驾驶，润滑油（脂）黏度增大，各机件转动阻力增大，而且燃油的气化性能降低，不利燃油与空气的混合，致使发动机起动困难；润滑条件变差，材料的脆性增加，各部零件易被破坏；道路路面易结冰，车辆在结冰的路面上行驶，由于附着系数很小，使制动性能下降，制动距离增加，车辆易发生侧滑；挡风玻璃易积霜妨碍视线，汽车操纵的灵活性下降。

1. 在严寒气候条件下的驾驶方法

（1）汽车起动后，变速器、差速器、后轮毂的润滑油黏度较大，起步后宜低速行驶，待温度升高后，再逐步提高车速。

（2）驾驶室内外温差较大，挡风玻璃上易形成冰霜，从而妨碍驾驶员的视线，可将挡风玻璃擦净后再用肥皂擦拭一层，以防止冰霜的形成。

（3）部分机件变脆、易断裂，行车适宜中速行驶，选择平坦路面，避免剧烈振动和紧急制动。

2. 在严寒气候条件下驾驶的注意事项

（1）注意发动机的防冻、预热、起动。

（2）由于气温低，汽车上的金属、塑料、橡胶制品等材料易变脆、损坏。行车前宜配备易损零件，以便更换。

（3）中途停车应选择干燥、朝阳和避风的地方。

（4）未加防冻液的车辆收车后，要放出散热器和水套内的冷却水，并使发动机怠速运转1~2分钟，将残留水分蒸发殆尽。气压制动的汽车还必须放净贮气筒的存气和水分，避免结冰，否则将影响第二天出车的制动效能。

八、在高速公路驾驶

高速公路是指经国家公路主管部门验收认定，符合高速公路工程技术标准，并设置完善的安全管理设施和服务设施，专供机动车高速行驶的公路。它具有全封闭、多车道、中央分隔带、全立体交叉、集中管理、控制出入，以及具有多种安全服务且设施配套齐全等的特点。

高速公路设计最高时速为120km；我国规定最低时速为50km，最高时速为110km。

1. 车辆进入高速公路前的检查

高速公路上行驶的车辆，因为连续高速行驶的时间较长，其车辆的技术要求性能较高。因此，进入高速公路行驶的车辆必须符合规定技术条件和标准，严格遵守限制性规定。

车辆进入高速公路前的检查 表9

检查部位	检查内容
制动踏板	制动踏板的自由行程符合规定值，且制动灵敏，无跑偏、侧滑；驻车制动器有效、可靠。
制动管路	制动管路有无漏气、漏水现象。
空气压缩机	工作是否正常，皮带是否松弛、损伤。
液压制动装置	制动液是否充足。
轮胎	轮胎气压符合标准；胎面花纹没露出标记；胎面、胎侧和胎肩无异常磨损、裂纹及损伤现象；轮胎无石块、钉子等异物扎入；轮胎螺母无松动。
转向盘	转向盘的自由行程符合要求，上下、左右、前后拉动转向盘无松动现象。
安全带	安全带无脱落、松弛、损坏，并能按照安全带的正确使用方法，适当进行调整。
车门	车门关闭严密，门锁锁止可靠。
灯光、信号装置	前照灯、制动灯、转向灯、示宽灯、尾灯、前后防雾灯、牌照灯以及其他灯光工作正常。
驻车制动器	驻车制动器有效、可靠。

续表

检查部位	检查内容
仪表	电流表、水温表、燃油表工作正常。
后视镜	车外后视镜、车内后视镜位置正确，映像清晰。
刮水器	挡风窗清洗液充足，清洗机构有效，喷嘴无堵塞，刮水器工作正常。
传动机构	传动机构连接是否牢固、可靠，转向助力机构有无漏油现象等。
燃油箱	燃油是否充足，有无渗漏。
风扇皮带	风扇皮带的松紧度符合要求，无损坏处。
冷却系	冷却液数量在规定范围内，无漏水现象。
润滑系	抽出机油表尺，观察发动机润滑油，是否在规定的上、下限之间。
点火系	点火系工作是否正常，有无故障。
蓄电池	蓄电池电解液面在上下限之间。
装载	车辆装载符合高速公路行车的有关规定，货物捆绑结实，厢式车辆车门上锁，散装货物封扎符合环保要求。

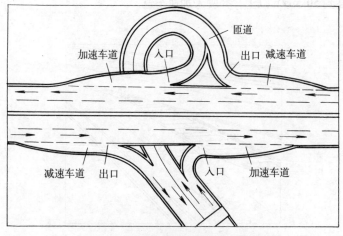

图18 高速公路封闭式出入口示意

图19 高速公路行车道、超车道示意

2. 汽车在匝道上行驶

高速公路的入口大多采用立体交叉形式，有两条不同方向的匝道。在匝道上行驶应确认车辆行驶路线，不要驶错方向，尽快将车速提高到50km/h以上，并驶入加速车道。

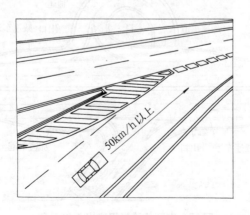

图20 汽车从匝道上驶入高速公路

汽车在匝道上行驶的注意事项：
(1) 匝道上不准超车、停车、掉头、倒车。
(2) 有弯道或坡道的匝道要限制车速，注意警告标志。
(3) 在喇叭形、环形立交上行驶时，注意相对方向欲驶向出口的车辆，避免撞擦。

3.汽车在加速车道上的行驶

汽车进入加速车道后，应迅速提高车速，并打开左转向灯，行驶到一半以上路程时，在不妨碍正在行驶的车辆的情况下，平稳地并入行车道；不允许车辆未在加速车道上加速而直接驶入行车道。

汽车在加速车道上行车，必须将车速提高到50km/h以上。车辆尾随前车时，应注意观察前车的加速情况，当前车加速性能较差或停车时，要与前车保持一个能够在加速车道上充分提速的距离，避免在加速车道上减速或停车。汽车并入行车道时，操纵转向盘不应过急、过猛。

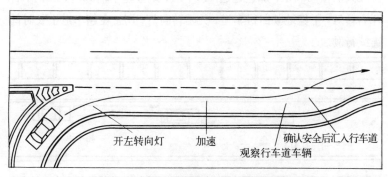

图21 汽车在加速车道上行驶示意

4.汽车驶入行车道

车辆驶入行车道前，应打开左转向灯，从后视镜观察后面行车道上的车辆，正确估计车流速度，调整和控制好车速，根据车流情况确定尾随车辆，并汇入车流。

5.汽车在高速公路上行驶的操作方法

高速公路路面标线清晰,坡度平缓,道路条件好,视野开阔。汽车在高速路上行驶应掌握以下几点方法:

(1)严格遵守高速公路分道行驶,不准随意穿行越线,不准骑、压分界线行驶。所有车辆都应各行其道。不准在紧急停车带和路肩上行车。

(2)正常情况下,在高速公路上行车的纵向间距应略大于行驶速度值。超车时的左右距离为:车速100km/h时保持1.5m以上;车速70km/h时保持1.2m以上。如发现前车是危险货物运输车或装载不符合要求的车辆,尾随时适当加大纵向车距。

(3)汽车在超车前首先观察前车是否在超车或有无超车的意图,并通过后视镜观察超车道上有无后续车辆或来车超越。在确认安全后,打开左转向灯,准备变换车道;在距前车50~70m时,平稳地向左转动方向盘,以较大的行车轨迹切入左侧超车道,与前车尽量保持较大的横向间距,加速超越;超车后,距被超车辆50~70m时,打开右转灯,平稳地驶回行车道,关闭转向灯,切忌在超车道上长时间连续行驶。

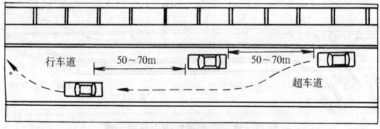

图22 汽车在高速公路上超车示意

(4)汽车在高速公路弯道上行驶时,弯道外侧易造成对距离和弯度的判断失误。因此,在弯道行车应适当降低车速,尽量避免在弯道上超车;严禁在弯度小的弯道上超车;在左转弯道上行驶时,由于驾驶员的视距变短,最好不要超车。

(5)汽车在高速公路上行驶,注意观察坡道和坡度标志,根据坡道的需要控制车速,尤其要控制下坡的速度。在上坡转弯路段,大型客车、货运汽车应在爬坡道上行驶。

(6)汽车行至有隧道的高速公路前约50m,应开启前照灯和示宽灯、尾灯,及时察看车速表,根据隧道口标志上规定的速度调整车速,同时注意车辆的装载高度能否安全通过。进入隧道后,把视线移到隧道的远处,不要看两侧隧壁,并注意保持行车间距。隧道内严禁变更车道、超车;不得鸣喇叭,以免噪声影响其他车辆行驶。驶出隧道前,通过车速表确认行车速度。到达隧道出口,握稳转向盘,以防隧道口处的横向风使车辆偏离行驶路线。如果车辆在隧道内出现故障,只要车辆还能继续行驶,应尽可能把车驶出隧道,严禁隧道内停车。

(7)汽车在高速公路上发生故障必须停车时,切不可紧急制动或在行车道上停车,应控制好车辆,看清前后情况,提前打开右转向灯,换入低挡,驶离行车道,停在紧急停车带内或右侧路肩上。停车后,必须立即开启危险报警闪光灯,并在车后方100m处设置故障车警告标志,夜间还须同时开启示宽灯和尾灯,必要时报告交通警察。

(8)黄昏时光在高速公路上行驶,因光线暗淡,驾驶员不易发现交通标志或障碍物,对于距离、速度的判断能力明显下降,是事故的多发时间。因此,在行车时应及早亮灯,以提示前后车辆,同时降低车速,加大行车间距。在变更车道超车时,应提前打开转向灯,以确保行车安全。

(9)夜间在高速公路上行车,驾驶员容易疲劳,注意力不集中,视力降低,对速度和距离判断失误增大,另外,对面来车的灯光会引起眩目感。因此,驾驶车辆时,要降低车速,避免疲劳,必要时应停车休息。行车中,注意观察前方车辆的尾灯,控制车速,保持足够的行车间距。如遇对方来车时,变远光灯为近光灯,将视线移向右侧路肩,避开对方直射灯光,同时注意行车道前方有无障碍,或因故停驶的车辆和警告标志,提前做好靠边停车的准备。

(10) 雾天在高速公路上行车，能见度小于500m大于200m时，必须打开防眩目近光灯、示宽灯和尾灯，时速不得超过80km/h，与同一车道行驶的前车必须保持150m以上的行车间距；能见度小于200m大于100m时，必须打开防雾灯和防眩目近光灯、示宽灯、尾灯，时速不得超过60km/h，与同一车道行驶的前车必须保持100m以上的行车间距；能见度小于100m大于50m时，必须打开防雾灯和防眩目近光灯、示宽灯、尾灯，时速不得超过40km/h，与同一车道行驶的前车必须保持50m以上的行车间距；能见度小于50m时，高速公路局部或全路段将采取封闭措施，此时已进入高速公路的车辆必须按规定打开防雾灯和防眩目近光灯、示宽灯、尾灯，在保证安全的原则下，驶离雾区，但最高车速不得超过20km/h。

6. 汽车驶离高速公路

高速公路的出口前2km、1km、500m及出口处都设有预告下一出口的预告标志。汽车驶离高速公路时按以下方法操作：

(1) 看到出口2km预告标志后，不要再进行超车；在三车道以上行驶的车辆，逐渐变道至最右侧行车道；如果正行驶在超车道上，应驶回到行车道。

(2) 距出口500m时，提前开启右转向灯，调整车速，逐渐平稳地从减速车道口的始端驶入减速车道。

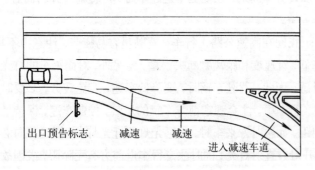

图23 汽车驶离高速公路示意

(3)汽车进入减速车道后,慢慢减速并驶入匝道。不得直接从超车道驶向匝道口。

(4)如果错过出口,只能继续向前行驶至立体交叉处掉头,或在下一出口驶离。严禁紧急制动、停车、倒车、掉头、逆行、穿越中心隔离带供紧急情况使用的缺口。

7.汽车在高速立体交叉路口的通行

高速公路的立体交叉形式很多,结构复杂,车辆通过的方法与平面交叉路口不同。如果不熟悉其通行方法,很容易迷失行车方向。因此,应掌握在行车中常见的较为复杂的立体交叉通行方法,以保证顺利通过高速公路上的立体交叉路口。

汽车通过高速立体交叉路口的操作方法:

(1)汽车在临近转弯的高速公路立交桥前要根据右侧指路标志来确认出口位置、行驶车道的行驶路线。

(2)汽车在距立交桥500m处,开始降低车速,根据预告标志,适时地向右完成车道的变更,从而驶入预定车道。

(3)汽车在距出口50~100m时,打开右转向灯,按照指路标志的要求进入迂回车道(匝道)。

8.汽车在高速公路行驶中的注意事项

(1)进入高速公路的车辆宜事先准备好必需的物品,如随车工具、故障警告标志牌或警示灯、灭火器、手电筒等。

(2)高速公路设有行车道、超车道,各车辆都应在规定的行车道上行驶,只有在超车时方可进入超车道,超车后必须驶回行车道上行驶。

(3)各种车辆在高速公路上行驶不得超过最高时速,不得低于最低时速。我国规定:小型客车最高时速不得高于110km/h;大型客车、货车和摩托车最高时速不得高于90km/h;正常行驶车辆的最低时速不得低于50km/h。遇有限速交通标志或限速路面标记所示时速与限速规定不一致时,应当遵守标志或标记的规定。

(4) 车辆进入高速公路起点后，应尽快在加速车道上将车速提至50km/h以上；驶入行车道时，不准妨碍其他车辆的正常行驶。

(5) 车辆应保持足够的行车间距。在正常情况下，行驶的汽车间距值应大于行驶速度值。即当行驶速度为100km/h时，行车间距为100m以上；时速70km/h时，行车间距为70m以上。在雨、雾、雪天或夜间行车时，行车间距应比时速增大1~1.5倍。

(6) 汽车在高速公路上行驶，因故障、事故等原因不能离开行车道或在路肩上停车时，必须立即打开危险报警闪光灯，并在车后方100m处设置故障警告标志，夜间还须同时开启示宽灯和尾灯。所有人员必须迅速转移到安全地点，并立即通过紧急电话报告交通警察救援。

(7) 雨天汽车在高速公路上行驶，注意增加行车间距；汽车高速通过易积水的路段时，容易出现"滑水现象"，必须严加注意，及时降低车速，握紧转向盘，不得猛转方向盘，避免使用行车制动器，尽量少变更车道或超车。

(8) 雾天汽车在高速公路上行驶，应根据视距远近，适当降低车速，加大行车间距；开亮防雾灯或近光灯及尾灯。雾较大时，可使用刮水器以改善视线；当能见度在50m以下时，不可冒险行驶，应将车辆驶向最近的服务区或停车场暂避，待雾散后再驶入高速公路；在高速公路上如突遇雾来临，来不及驶向服务区或停车场时，可把车驶入路肩停下，同时开启示宽灯和尾灯，待雾散后尽快驶离路肩。

(9) 雪天汽车在高速公路上行驶，一般不要超车、急加速、急转向和制动太急；需要停车时，须提前采取措施，多减挡，少用制动，尽量用发动机的牵阻来控制车速，以防各种原因造成的侧滑；路面结冰时，应立即将车辆驶到最近的服务区或停车场，尽可能在车轮上安装防滑链或换用雪地轮胎等。

第八章 汽车安全驾驶常识

一、汽车安全驾驶常识

汽车安全驾驶常识是驾驶员驾驶车辆保障交通安全的基本知识，它主要包括以下三方面内容：

1. 严格遵守交通法规

驾驶员严格自觉遵守交通法规，是保障车辆安全行驶的准则。

2. 熟练掌握驾驶技术

机动车驾驶员具有熟练的驾驶技术，这是保证行车安全的重要条件。驾驶员在驾驶车辆和行驶过程中，能够对车辆的速度、位置、所处的空间以及与周围各种动态或静态物体的间距了如指掌，这样才能在遇到紧急的交通情况时迅速做出正确的判断，并采取有效的措施，从而保障车辆的行车安全。

3. 对车辆的精心维护与保养

汽车车辆状况的好坏，涉及安全的关键部件是否齐全、有效是决定行车安全的重要因素。因此，要保证车辆在道路上正常行驶，就必须注重对车辆的精心维护和保养。

二、汽车安全驾驶措施

根据道路特点，采取相应的安全驾驶措施，具体操作方法如下：

1. 在宽阔平坦的道路上行车

在宽阔平坦的道路上行车，由于各种交通设施齐全，标志、标线醒目，视线良好，为安全行车提供了良好的条件。在这样的道路上行车,只要按规定的速度行驶,注意同前车保持必要的安全距离;如变更车道,要开启转向灯等,就一定能保证驾驶安全。

2.汽车在窄路上行车

窄路的特点是人多、车多、死角与盲区多,因此,在窄路上行车,其通行能力较差。会车时要减速靠右,做到礼让三先。转弯时可以适当鸣号。

3.汽车在坡路上行车

汽车在坡路上行车,须注意观察路面的宽窄及坡度的陡缓,操作时要手脚协调,适时换挡,合理制动,以保障行车安全。

汽车上坡时,起步要平衡,防止车辆倒溜。行驶中根据坡度的陡缓选用挡位,坡度越陡,挡位越低。汽车在行经下坡道路时,应运用发动机来控制车速。在通过较长而陡的下坡路时,应连续制动。在下坡道上临时停车时,应使发动机熄火,拉紧手制动器,将变速杆置入倒挡。

4.汽车在其他路段上行车

(1)汽车在通过傍山险峻等危险路段时,应低速行驶,双手把稳方向盘,谨慎驾驶。

(2)汽车进入隧道,汽车适当减速行驶,并开启前照灯。

(3)汽车涉水应低挡平稳通过。如车辆涉水,制动盘鼓可能受到水的浸泡,制动效能降低,因此,出水后,应使用制动器,排干水分,从而保证制动效能。

(4)汽车在泥泞路段行驶,应选择坚实的路面行车,防止发生滑溜现象。行驶中要选择适当的挡位,使发动机保持足够动力,避免中途换挡与停车,尽量少打方向盘,保持匀速直线行驶。如遇有车轮空转打滑,应挖去泥浆,辅上沙石草木等。

(5)汽车在通过较大坑洼或较宽沟槽时,应减速驶入,挂低速挡通过。

三、在异常气候条件下的汽车安全驾驶

1. 雨天行车

雨天行车,道路湿滑,车轮与地面的附着力下降,车辆的制动性能变差,驾驶员可视范围小,行人与非机动车动态失常,应降低行驶速度,避免紧急转向和紧急制动,以防侧滑、翻车。连雨天气,路基长时间被冲刷,可能会出现疏松和堤坡坍塌等现象,因而应选择公路中间的路面行驶。遇大暴雨天气时,应选择安全地点停车,并开启示宽灯警示来往车辆。

2. 雾天行车

雾天行车,能见度低,视距短且路面湿滑,制动效能降低,车辆易侧滑。因此,应开启防雾灯、近光灯,要根据视距远近,适当控制车速,严禁超车,与其他车辆和行人保持充分的安全距离。

3. 雪天行车

雪天行车,由于汽车轮胎路面的附着系数极小,易产生滑移,汽车的稳定性和制动性差。因此,雪天驾驶应做到以下几点:

(1)保持中速或低速行驶,避免猛打方向盘,禁止猛抬离合踏板和急踏加速踏板。

(2)与前车的安全距离一般在50m以上。遇有紧急情况需要减速时,应充分利用发动机牵制力,换低速挡控制车速。

(3)会车时,应靠右边慢慢行驶;加大与骑车人的安全间距,以防骑车人横滑摔倒。

(4)必要时在驱动轮上安装防滑链,尤其在山路行车时更为必要,以增强其附着性能。

四、夜间行车的安全驾驶

夜间由于灯光亮度有限,视力下降,视野变窄,能见度差,因此灯光必须齐全、有效,并且严格按规定使用。汽车在夜间行驶中,灯光照射距离由远变近,表明汽车驶近上坡道处,或者下坡道将接近坡

底,也可能是驶近弯道;灯光照射距离由近变远时,表明汽车正在驶入下坡,或者所上坡度变缓,或者是由弯道驶入直路;当灯光离开路面时,表示前方出现急弯或面临大坑,或者汽车正驶上坡顶,也可能是汽车前方将下陡坡;灯光从路中移向路侧时,表明前方出现弯道,转弯方向与所照一侧方向相反。若是从道路的一侧移向另一侧时,则表示汽车驶入连续弯道;当前方路面不断出现黑影,车辆驶近又消失,表示道路有较浅的连续凹陷,如果黑影不消失,道路则可能有较大的凹陷或横沟;灯光照到路面感到光线不强,表示是沥青路面,若感到路面发亮、光线明快,则表示是砂砾路。

汽车夜间安全行车注意事项:

(1)汽车在风、雨、雪天的夜间行驶时,应使用防雾灯或防眩目近光灯,不宜使用远光灯,以免出现眩目的光环而影响视线。

(2)汽车夜间行驶,在道路旁需临时停车时,应开启示宽灯、尾灯,以提醒驾驶员和行人的注意。

(3)汽车夜间在城市有照明条件的道路上行驶,应使用近光灯。

(4)车辆如遇对方来车持续使用远光灯,驾驶员应靠边停车,关闭大灯,改用小灯,待其通过后,再继续行驶。

(5)夜间行驶时突然遭遇全车灯光熄灭,要沉着果断,稳住转向盘,立即制动停车,设法修复后继续行驶。

(6)夏季夜间行车,要注意道路两侧以及路堤、桥上乘凉休息的人们,谨防发生伤人事故。

五、危险情况的紧急处理

汽车在行驶中忽遇前方发生危险情况,应采取紧急制动,使汽车在最短的距离内停车。紧急制动时,双手紧握方向盘,果断抬起加速踏板,迅速用力踏下制动踏板;汽车在行驶中忽遇轮胎爆裂,应当握稳方向,平稳停车;汽车在行驶中突遇对方车辆强行超车,占据自己的车道时,不要与对方斗气,较好的处理办法是尽可能让出车道,让其先行。

汽车在行驶中遇有行人猛跑或骑车人横穿公路时，应做到提前发现，减速让行，不要与其抢行；遇有少年儿童在道路上玩耍时，要提前减速，随时做好停车避让的准备；遇有老年人、残疾人行动迟缓、耳目不灵的，应提前减速慢行，留有一定的安全距离。

汽车在行驶中发动机突然发生火灾时，驾驶员应迅速停车，马上切断电源，取下随车灭火器对准着火部位的火焰进行正面猛喷，将火焰扑灭。当汽车在加油过程中发生火灾时，应立即停止加油，将车开出加油站，用随车灭火器、衣物等将火焰扑灭；当汽车发生交通事故而引起火灾时，首先是设法抢救伤员。如果车门损坏，应破窗而入，或利用扩张器、切割器、千斤顶、消防斧等工具实施救护，同时迅速拨打110、119、122、999等报警电话。

第九章 桩考

一、桩考考试规则

1. 桩考学员应先去读卡站刷卡,然后将计时培训预约卡(IC卡)交给考试车教练。考试时按顺序上车,上车前须在窗口报上学员姓名。

2. 待考人员应在规定位置待考,不得随意走动,更不允许闯入黄线内。如闯入黄线影响其他学员成绩的,后果由闯入者负责。考试场内严禁大声喧哗。

3. 考试车必须哪库进,哪库出,听到考试合格时应当立即停车,由下一名学员进库将车开出作贴库上线,并听候语音提示。

4. 考试机会共有2次。倒库不合格的可再倒一次;两次熄火的为不合格;中途停车4次的为不合格。听到开始考试的语音提示,必须进行贴库。如再往前上线就视作不按规定路线顺序行驶,即丧失一次考试机会。

5. 考试中学员撞杆或提示你停车却未能停住,并将杆撞坏的,由学员负责赔偿损失。

6. 考试完毕,学员应到窗口报上姓名,取回自己的计时培训预约卡(IC卡)。

二、桩考科目

桩考科目包括贴库上线、贴库、移库、倒库上线、倒库等的场地项目。

1. 贴库上线

贴库上线就是将车辆从场地甲库开出至车道进行选位停车。贴库上线的具体做法是：车辆从甲库开出，当车前方左角与路边黄实线(也叫6m线)重合时，将方向盘向右打死，待车回正时，迅速向左回2圈轮，其横向距离路边黄实线(6m线)1.2~1.5m时停车。

图24　桩考考试场实景

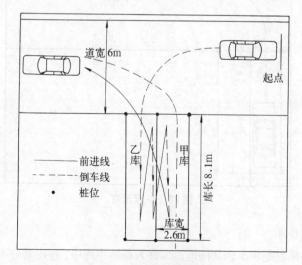

图25　桩考科目平面示意

2.贴库

贴库就是将停在起点的车辆移入场地乙库中。首先是要求坐姿正确,挺胸坐直,其次是向后看右后小窗的红点时应使所看见的后小窗体量最大化,这样贴库才会准确、稳妥。具体措施是:当右后小窗上的红点标志与前中杆重合时,开始向右打轮,边打边看,始终让右后小窗上的红点围绕前中杆转,直到看不见时再向右打死方向盘,然后待后风档玻璃的右点对准后中杆时再迅速向左回2圈轮。这时,学员应让自己的双眼处于汽车的中心位置,看准汽车后风挡玻璃上的中心线正好处于两杆的中心,待车尾距后杆约0.2m时立即停车,这样贴库的动作将是十分完美的。

说明:做贴库动作时,为防止车速过快,需要压稳离合器,以便控制车速。

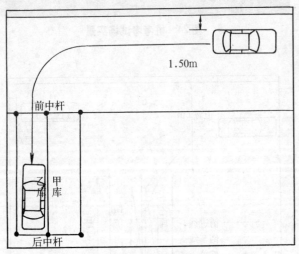

图26 贴库示意

3.移库

移库就是将车辆从场地乙库移入场地甲库中。移库共分4步,即一上;一下;二上;二下。

(1)一上

车动后迅速向右打死方向盘,待车前左点对准前中杆时迅速向左打死方向盘,车辆回正时再迅速向右打2圈。

(2)一下

车辆动时迅速向右打死方向盘,待后风挡玻璃上的左线对准后中杆时迅速向左打死方向盘,车辆回正时再迅速向右打2圈。

(3)二上

车辆动时迅速向右打死方向盘,待车前右点对准右前杆时迅速向左打死方向盘,车辆回正时再迅速向右打2圈轮。

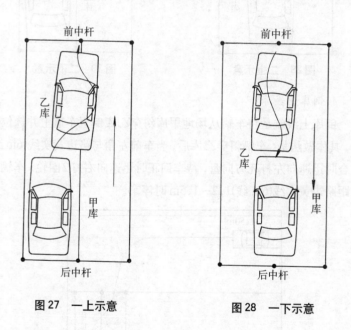

图27　一上示意　　　　图28　一下示意

(4)二下

车辆动时方向盘迅速向右打死,待左后小窗看见后中杆时迅速向左打死方向盘,直到车辆右前点对准右前杆时停车。

说明:做移库动作时,为防止车速过快,需要压稳离合器,以便控制车速。

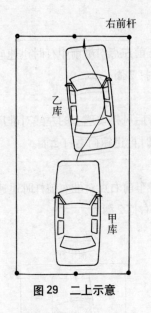
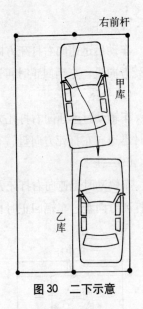

图29 二上示意　　　　图30 二下示意

4. 倒库上线

倒库上线就是将车辆从场地甲库斜穿乙库倒至车道上并选位停车。具体做法是：车辆斜穿乙库后，当车前左角与路边黄实线(6m线)重合时迅速向左打死方向盘，待车回正时迅速向右打2圈轮，车辆横向距路边黄实线(6m线)1.2~1.5m时停车。

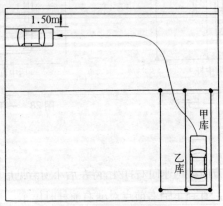

图31 倒库上线示意

5.倒库

倒库就是将车辆从车道倒入场地甲库中。具体措施是：车动后看左后小窗上的红点标志，当红点与前中杆重合时，开始向左打轮，边打边看，红点始终围绕前中杆转，待左后小窗看不见前中杆时迅速向左打死方向盘，当后风挡玻璃上的中心点对准右后杆时再迅速向右回2圈轮，这样往后倒库就算到位了。

说明：做倒库动作时，为防止车速过快，需要压稳离合器，以便控制车速。

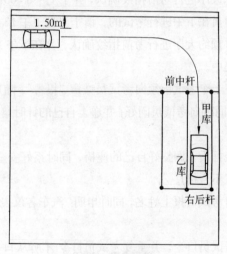

图32 倒库示意

第十章 路　　考

一、路考考试规则

1.学员在上午进行考试的,请于当日上午8:00之前到达驾校考试场计时预练大厅进行考前指纹确认,并于上午8:00时到达驾校路考场集中。学员在下午进行考试的,请于当日下午13:00之前到驾校考试场计时预约大厅进行考前指纹确认,并在下午13:00时到达驾校路考场集中。

2.学员在上车考试前须向考试员喊声"报告",随后自己开车门坐进驾驶室,同时向考试员问好,并递上自己的计时培训预约卡(IC卡)。

3.学员坐好后,调整好自己的座椅,同时系好安全带(不系安全带的视作考试不合格)。

4.学员向考试员报上姓名,同时申明:汽车各仪表工作正常,请求起步。

5.听准考试员口令,并重复考试员口令(不听从口令的,或违令的一律视作考试不合格)。

6.要保持良好的心态,充满自信心;认真做好每一个技术动作,尽可能发挥正常水平,以求取得最佳成绩(学员考试前最好熟悉一下考场,以便心中有数)。

二、路考科目

路考科目包括过信号灯路口、坡道起步、定位停车、过铁道路口、骑越障碍物(井盖)、走折线路、过单边桥(右单边桥)、过双边桥、过限制门、并线、掉头、停车等的考试项目。

1. 过信号灯路口

《中华人民共和国道路交通管理条例》(1988年3月9日国务院发布)第四十二条规定，车辆通过有交通信号或交通标志控制的交叉路口，必须遵守下列规定：

(1)机动车须在距路口100至30m的地方减速慢行，转弯的车辆须同时开转向灯，夜间须将远光灯改用近光灯(建议：路口挡位调至2挡)；

(2)在划有导向车道的路口，须按行进方向分道行驶；

(3)遇放行信号时，须让先被放行的车辆行驶；

(4)向左转弯时，机动车须紧靠路口中心点小转弯(注意：车辆不能压到路口中心点上)；

(5)向右转弯遇有同车道前车正在等候放行信号时，机动车须依次停车等候，非机动车在本车道内能够转弯的，可以通行(注意：听到右转弯口令的，首先要减速，随即开启右转向灯，并驶入慢车道，同时挡位调至2挡，千万不能压到黄线，否则视作考试不合格)；

(6)遇有行进方向的路口交通阻塞时，不准进入路口；

(7)遇有停止信号时，须依次停在停止线以外；没有停止线的，停在路口以外(注意：车辆不能压到路口中心点上，因为它相当于交警值勤的位置，否则视作不合格)。

说明：①进入导向车道后不准碾压分道线，碾压分道线的视作不合格。

②红灯亮时，车辆碾压或越过停止线的视作不合格。

③已通过路口,却未按考试员口令正确选择行驶路线的视作不合格。

图 33 过信号灯路口考试区实景

图 34 信号灯路口与人行横道示意

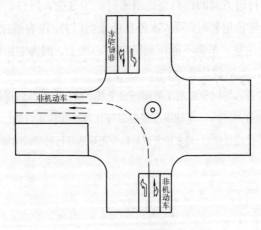

图 35 左转弯导向线示意

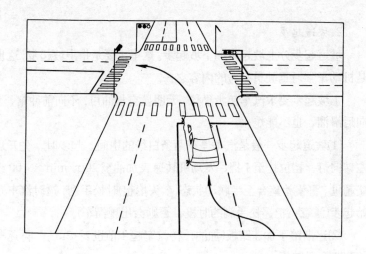

图36 提前开启左转向灯,适时变换车道

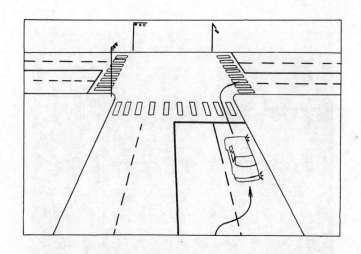

图37 前方为T字形路口,须提前开启右转向灯,适时变更车道

2.坡道起步

坡道起步分上坡起步和下坡起步。这里主要是指上坡起步,这也是机动车学习驾驶员必考的内容之一。

上坡起步要求汽车起步平稳,无明显空加油声,不向前冲窜,不向后滑溜,也不能熄火。

(1)坡道起步一般是汽车停在两条白线的中间。起步时,先开启左转向灯,挡位挂至1挡,发动机转速表加油至20tr/min×100或略超过,再慢抬离合至半联动状态(车头抬起)时松手刹,这时汽车开始起步(注意:把握松手刹的时机,否则会出现溜车)。

(2)逐渐踏下加速踏板(加油),待汽车起步前进2~3m后,再逐渐抬起离合器踏板。

(3)在坡道起步行驶阶段,千万不可将挡位升至2挡,因为这时的车速只能满足1挡的需要。待到上坡后再加速换成2挡为宜。

说明:①起步过程中,溜车大于0.3m的视作考试不合格;

②溜车大于0.1m、小于0.3m的扣20分。

图38 上坡起步考试区实景

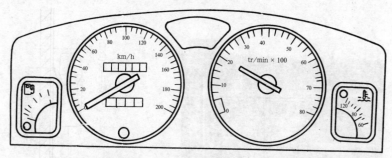

图39 上坡起步，发动机转速表指示为20tr/min×100

3.定位停车

定位停车是基础练习的一个重要科目，它适用于所有的停车，具有普遍的意义。定位停车的目的在于将转向盘的运用、离合器的运用、制动的运用加以综合练习，融会贯通。通过定位停车可以提高驾驶员目测能力和正确的估计判断能力，提高对车速感、车体感的判断力，从而达到稳妥、准确、正好的停车。

定位停车的科目设置在平坦的路段上，它在道路的右侧设立有定位停车的标志杆。

(1)听到口令，开启右转向灯，减速减挡，挡位调至1挡。

(2)稍带刹车，汽车车盖上的中心红点对准路基白线标志，待车正回轮，并始终使红点紧跟白线。

(3)当汽车右边后视镜上的蓝点与定位停车标志杆接近或重合时，迅速踩下离合器，然后再踩住刹车。

按以上要求去做，汽车将稳妥、准确、正好地停在白色定位线以内的合适位置，而且汽车右轮的位置与白色路基线亦保持合宜的距离。

说明：①停车时车辆最前端距白色停止线不得超过0.5m，车右轮距路基白线不得超过0.5m。

②停车大于0.5m、小于1m的扣20分。

图40 定位停车训练区实景

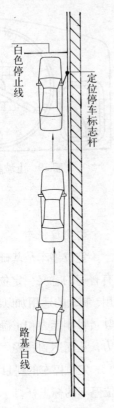

图41 定位停车示意

4.过铁路道口

《中华人民共和国道路交通管理条例》(1988年3月9日国务院发布)第四十四条规定,车辆通过铁道路口,必须遵守下列规定:

(1)遇有道口栏杆(栏门)关闭、音响器发出报警、红灯亮时或看守人员示意停止进行时,须依次停在停止线以外;没有停止线的,停在距最外股铁轨5m以外;

(2)通过无人看守的道口时,须停车瞭望,确认安全后,方准通过(注意:车辆行至前方无人看守的道口时,需提前减速,并减挡为2挡或1挡，车辆必须停止在白线前面，即在车头正好看见白线，停车时间大于5秒，在无人看守的道口不停车的，视为不合格）；

(3)遇有道口信号两个红灯交替闪烁或红灯亮时，不准通过，白灯亮时，准许通过；红灯和白灯同时熄灭时，按前项规定通过；

(4)载运百吨以上大型设备构件时，须按当地铁路部门指定的道口、时间通过。

说明：①车辆必须停在停止线外，并作左右瞭望。不停车的视作考试不合格。

②发生停车熄火的视作不合格。

图42 过铁路道口考试区实景

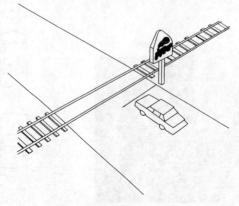

图43 车辆过铁路道口示意

5.骑越障碍物(井盖)

在汽车驾校训练场的道路训练科目中,设有路面障碍物。该障碍物是以路面井盖为对象,在弯道处连续放置三个较近的井盖。井盖凸起于路面。

(1)听到口令,随即减速减挡至1挡,开右转向灯进入考试区。以车盖前方的蓝点、红点作为参照物,调整好汽车方向盘,将井盖纳入绿点、红点的中心。

(2)当汽车前轮越过井盖后,马上向第二个井盖方向偏转方向盘,做法同上,以此类推。

(3)出考试区,开左转向灯,进入小汽车专用道。提速后将挡位调至2挡(注意:有可能考试员让掉头,如果这样应先开启左转向灯,向右打半圈轮,再向左打死方向盘。这时,挡位仍保持1挡。如遇有直行车请注意避让。大货车则走大货车专用车道)。

说明:任一车辆不得刮、蹭、碾、压障碍物,如发生刮、蹭、事故的,一次扣20分。

图44 骑越障碍物(井盖)考试区实景　　图45 骑越障碍物(井盖)示意

6.走折线路

折线路是狭窄路的一种特殊路段。汽车驾校教练场中的折线路由三个连续的90度弯和进出口的两个缓弯组成。路宽是车宽加0.6~0.8m。

(1)听到口令,开启右转向灯,向右并线,减速减挡,挡位调至1挡,并进入考试区。

(2)车辆尽可能居中行驶,走折线须带点刹车,车速控制在10km/h,也就是比1挡还慢些。

(3)当车盖边沿线与道路边缘黄线接近或重合时,须向左或右打2圈轮,待车正时再迅速回2圈轮。

(4)出考试区,开启左转向灯,进入小车专用道,加速加挡,挡位调至2挡。大货则进入大货车专用道。

说明:车轮不能碾、压折线路边缘黄线,碾压黄线的一次扣20分。

7.过单边桥(右单边桥)

单边桥的设置宽度为轮胎胎面加0.10m,桥长不少于汽车轴距加1m,桥高为0.10m左右(大货车为0.25m)。

过单边桥的目的是掌握运动中汽车的右边车轮的位置和方向,正确地把握汽车最难估计的右侧安全行驶距离。

(1)听到口令后,随即减速减挡,开启右转向灯,挡位调至1挡。调整汽车方向盘,尽可能使汽车的位置和单边桥成平行线,即在同一方向上。

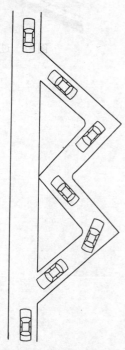

图46 走折线路示意

(2)用车盖上的中心红点对准单边桥的左边沿或中心部位,稳住方向盘,慢慢上单边桥,始终保持红点牢牢地对准单边桥的左边沿或中心部位不变。

说明:过右单边桥时,车辆右侧轮未能上桥或中途掉下的视作不合格。

图47 过单边桥(右单边桥)实景

图48 过单边桥(右单边桥)示意

8.过双边桥

双边桥的长度、宽度及高度设置与单边桥一样。除此之外,要求左右两桥平行,距桥门10m设置车宽加1m的130度~150度的弧度弯道,以增加通过难度。

(1)听到口令,开启右转向灯,减速减挡,挡位调至1挡。调整汽车方向盘,尽可能地使汽车的位置和双边桥在同一方向上。

(2)用车盖上的蓝点对准双边桥之左边桥的右边沿;用车盖上的红点对准双边桥之右边桥的左边沿。稳住方向盘,慢慢上双边桥,始终保持蓝点、红点分别对准各自的边沿线。

说明:车辆未能上双边桥的,或任一车轮掉下桥的均视作考试不合格。

图49 过双边桥考试区

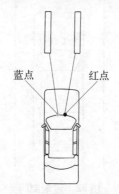

图50 过双边桥示意

9.过限制门

限制门的设置要求是：限制门的宽度为车宽加0.6m；限制门处于平直良好的路面之中。

(1)过限制门，一般要求挡位为2挡，即车速不得低于25km/h。

(2)稳住车速，目视前方，选择限制门内车轮延长线(车轮痕迹)作为参照物，并对正前进，做到驾驶员位置与车轮延长线同在一条线上或以汽车机盖中心的红点对准限制门左右杆的中心位置。

(3)当接近限制门10～5m时，用余光观察一侧(通常是左侧)的门杆，并使其与车外一侧保持0.3m的距离，稳速通过。

说明：车辆通过限制门时不准碰杆，碰杆的扣20分。

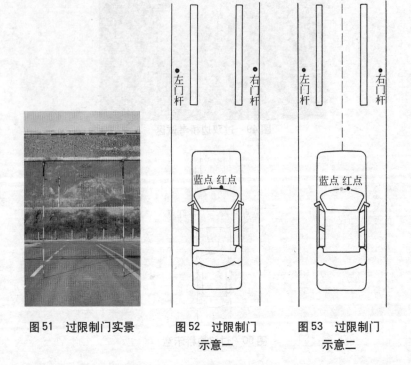

图51 过限制门实景　　图52 过限制门示意一　　图53 过限制门示意二

10. 并线

并线是汽车从一个车道驶出来，驶入到另一车道的驾驶操作，并线前必须认真观察车外的情况，确认安全后才能并线。

当汽车需向左(或向右)并线时，驾驶员应通过车内后视镜观察后方情况，通过左侧(或右侧)后视镜观察左侧(或右侧)车辆行驶情况，然后，转头侧望以补充后视镜的盲区，确认左侧(或右侧)有无车辆，从而确保并线时的安全状况。

汽车在行驶过程中遇到下列情况之一的，均需要向左或向右并线行驶。一是从路边起步时；二是靠路边停车时；三是避让障碍物时；四是超越前车时；五是路口转弯时。

(1)向左并线

汽车在行进过程中，因故向左并线时，首先要开启左转向灯，转向灯打开3秒之后(约行驶30~50m)，向要并线的车道适度转动转向盘。在转动转向盘之前或同时，再次通过后视镜观察侧方、后方有无车辆并判断是否影响他们的正常行驶，确保无碍他车行驶和本车安全的情况下，完成并线，之后回正转向盘，关闭转向灯。汽车左侧与道路中央线应保持不小于0.5m的距离。若从左侧超越障碍物时，汽车右侧离障碍物的距离应保持在1m以上。

(2)向右并线

汽车在行进过程中，因故向右并线时，开右转向灯，转向灯打开3秒之后(约行驶30~50m)向要并线的车道适度转动转向盘。在转动转向盘之前或同时，再次通过后视镜观察侧方、后方有无车辆，并判断是否影响他们的正常行驶，确保无碍他车行驶和本车安全的情况下，完成并线，之后回正转向盘，关闭转向灯。汽车右侧与路沿线应保持不小于0.5m的距离。若从右侧超越障碍物时，汽车左侧离障碍物的距离应保持在0.5~1m以上。

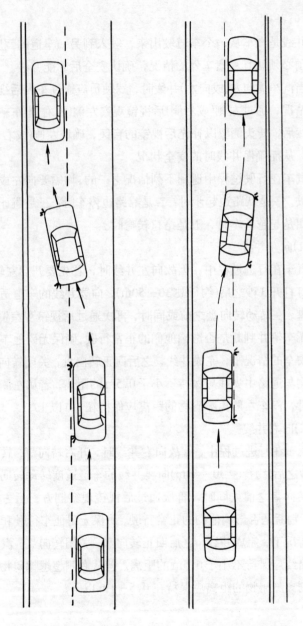

图 54　向左并线示意　　　图 55　向右并线示意

11.掉头

汽车掉头是为了使汽车向相反的方向行驶。正确的掉头方法可以有效地缩短掉头的时间,减少对其他车辆行驶的影响。汽车掉头,必须严格遵守交通法规,在掉头地点要认真观察周围情况,确认无来往车辆或不存在其他障碍物时,方可掉头。

(1)在路幅较宽的道路上掉头

当汽车驶到距离掉头地点50~100m处,须降低车速,换入合适的挡位(1挡或2挡),使车辆靠道路右侧行驶,开启左转向灯,同时注意观察路面前后交通情况,到达合适的掉头地点,确认不妨碍掉头的情况后,迅速向左转动转向盘,一次性顺利完成掉头。

(2)在路幅较窄的道路上掉头

当汽车驶近掉头地点,提前降低车速,换入低速挡(1挡),靠道路右侧行驶,开启左转向灯,同时注意观察交通情况。当汽车到达预定掉头地点后,迅速向左转动转向盘,当前轮接近路边时,迅速回方向并停车。

图56 掉头标志

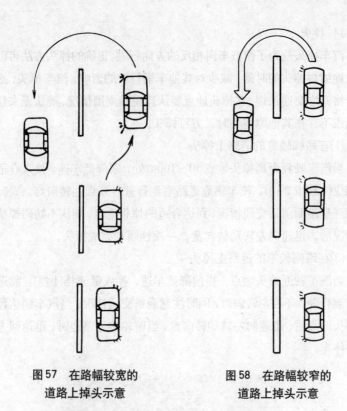

图 57 在路幅较宽的
道路上掉头示意

图 58 在路幅较窄的
道路上掉头示意

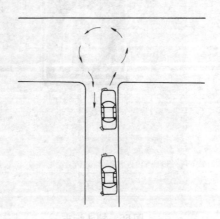

图 59 在丁字路口完成一次性掉头示意

12.停车

听到靠边停车口令时,减速减挡,开启右转向灯,轻踩刹车,待车速降至10km/h以下时,快踩离合,再踩下刹车,把车平稳地停住,并拉紧手制动器(手刹),挡位摘到空挡上。

图60 停车示意

主要参考文献

1. 北京市交通安全教育学校编.机动车驾驶员交通法规与相关知识.北京：群众出版社，2001年3月第1版
2. 范立主编.汽车驾驶.北京：人民交通出版社，1999年10月第1版
3. 龚金元编著.汽车驾驶常识图解.北京：金盾出版社，1995年6月第1版
4. 郑锡之编著.汽车驾驶员培训考试必读.长沙：湖南大学出版社，2003年12月第2版
5. 于晓辉，魏国辉等编著.汽车驾驶速成.北京：机械工业出版社，1997年11月第1版
6. 赖文编.常用标志与图形符号识别指南.北京：中国标准出版社，2002年11月第1版
7. 寇学智，戴衍平编著.轿车驾驶速成图解教材.北京：金盾出版社，2003年10月第1版
8. 《城市居民应急避险手册》编委会编.城市居民应急避险手册.北京：北京出版社，2003年11月第1版